国防科普概论

田小川　主编

国防工業出版社

·北京·

图书在版编目（CIP）数据

国防科普概论 / 田小川主编 . —北京:国防工业出版社,2021. 8

ISBN 978-7-118-12358-6

Ⅰ. ①国… Ⅱ. ①田… Ⅲ. ①国防科学技术—科普工作—概论—中国 Ⅳ. ①E25

中国版本图书馆 CIP 数据核字(2021)第 132904 号

※

国防工业出版社出版发行

(北京市海淀区紫竹院南路 23 号 邮政编码 100048)

雅迪云印（天津）科技有限公司印刷

新华书店经售

*

开本 710×1000 1/16 **印张** 15¼ **字数** 296 千字

2021 年 8 月第 1 版第 1 次印刷 **印数** 1—2000 册 **定价** 128. 00 元

(本书如有印装错误,我社负责调换)

国防书店:(010)88540777 书店传真:(010)88540776

发行业务:(010)88540717 发行传真:(010)88540762

编委会

编撰组成员

（按姓氏笔画排序）

于　婧	马悦鑫	王　鑫	王洪树	王晓萌
王致然	邓荔进	田　利	田艺伟	帅姗姗
师丽青	吕建荣	朱林崎	刘　萍	刘　琦
刘　蕾	刘昊元	刘艳芸	刘晓非	齐　欣
闫旭军	严晓峰	李　斌	李　鹏	李元龙
李文瑶	李姗姗	李思滨	李海田	杨　博
杨延望	杨尚洪	吴书懿	张馨予	陆　浩
陈　辉	邵光辉	金　赫	周　武	周　虎
周海斌	赵　辉	要明天	姚　晗	高瑗寅
唐晓甫	蔡文东	谭会川	肇晓兰	魏　来

前言 PREFACE

2016年5月30日，在全国科技创新大会、中国科学院第十八次院士大会和中国工程院第十三次院士大会、中国科学技术协会第九次全国代表大会上，习近平总书记明确指出："科技创新、科学普及是实现创新发展的两翼，要把科学普及放在与科技创新同等重要的位置，没有全民科学素质普遍提高，就难以建立起宏大的高素质创新大军，难以实现科技成果快速转化。"同年6月，中央军委科学技术委员会（简称"军委科技委"）召集专家学者，组织研讨有关国防与军队科普工作，成立专项课题组开展相关工作。同时，在中国科普作家协会支持下，国防科普委员会开展了国防科普（又称"国防军事科普"）相关问题研究。2019年，国家国防科技工业局（简称"国防科工局"）围绕"新时代如何进一步推动国防科技科普工作"成立调研组，结合国防科技科普工作面临的形势和任务，启动"国防科技科普统计调查"工作，在前期调研报告基础上，结合专家意见建议，提交《关于加强国防科技科普工作的建议》，成立《国防科技科普"十四五"发展规划》编写委员会及编写组，开展相关工作。同年12月18日，中国科普作家协会、中国科普研究所主办的"繁荣科普创作助力创新发展"国防科普主题研讨会上，专家达成共识：在此前开展的调研成果基础上，总结"十三五"期间国防科普工作的成绩，编撰出版《国防科普概论》。2020年12月17日，《国防科普概论》样书评审会上，与会专家、学者再次提出宝贵的修改意见与建议，正如本书编委会顾问、原国防大学教授朱成虎将军指出:“‘国防,国之大事,立国之本,战争之要,不可不察也。’国防科普应该提到国家战略层面,不断提升广大公民的国防意识,《国防科普概论》作为国防科普的首本理论研究成果,将对国家安全产生重大影响。”2021 年 5 月 28 日,中国科学院第二十次院士大会、中国工程院第十五次院士大会和中国科学技术协会第十次全国代表大会上,习近平总书记强调:我们牢牢把握建设世界科技强国的战略目标,以只争朝夕的使命感、责任感、紧迫感,抢抓全球科技发展先机,在基础前沿领域奋勇争先。更广泛地把广大科技工作者团结在党的周围,弘扬科学家精神,涵养优良学风。要更加重视人才自主培养,努力造就一批具有世界影响力的顶尖科技人才,稳定支持一批创新团队,培养更多高素质技术技能人才、能工巧匠、大国工匠。《国防科普概论》作为国内首次系统编撰出版的国防科普研究成果,将对未来开展国防科普工作起到抛砖引玉与启示借鉴的作用。

在这 5 年的调查、研究、编撰过程中,参加此项工作的人员结合各自从事国防科普工作的经历,尽可能挖掘有效资源,开展相关调查、分析、研究,集成相关法律、法规、文件等,对整体思路、结构设计、概念界定、内容遴选、观点凝练、案例分析及体例撰写、体量增补等进行了多次颠覆性调整,上百次文稿修改与内容补充和数据更新。本着国防科普工作基础性、战略性、全局性、持续性、创新性、渐进性的发展目标,编撰组依据国家颁布的相关法律、法规和文件,参照国家现行科普工作分类,充分利用开源信息,围绕国防科普的媒体传播、场馆与设施、学校与社区等展开研究工作,重点分析我国国防科普工作现状,研究国外国防科普教育的特点,梳理国防科普组织活动、媒体传播、场馆与设施的典型案例,总结我国国防科普能力建设中存在的主要问题,初步形成国防科普的概念、意义、特点、作用等,提出相应的启示与建议,为国防科普工作法规、政策的制定与完善,以及发展规划的编制与实施提供决策支持。在编撰过程中,我们力求调查数据准确、观点归纳宏观、实践描述客观，对专业不确定、倾向性较强、调研数据有缺失等处做了大量删减；并选取相关内容与2007年首次开展的《国防科普重大问题研究》进行了比较分析。但因缺乏系统的理论指导和统计数据，并限于我们的专业背景和研究能力，以及撰写成书的时间等因素，难免有数据未及时更新、内容不全等疏漏之处，敬请读者提出宝贵意见和建议，以助今后完善修订和再版工作！同时，对部分已列入调研或合作的企业事业单位、社团、院校、国防实验室、科普教育基地等，因人力、经费等诸多因素未能纳入本书研究而深表遗憾！

在此，衷心感谢长期坚守与热爱国防科普事业的国防科普工作者！衷心感谢肩负使命感并支持开展研究工作的军委科技委相关部门、中国科协、中国科普作家协会国防科普委员会、国防科工局新闻中心、中国船舶工业综合技术经济研究院情报与管理中心、北京迪锋有限公司和北京轩航信息技术研究院国防科普研究中心等所有参调、参研、参译、参撰、参审、参校、参编人员的全力以赴！正是大家的全情投入、用心支持，充分体现了国防科普事业集体的智慧与协作的力量！

编撰组

2021年5月30日

目录 CONTENTS

第一章 绪　论

科学技术普及(简称“科普”)是指“以公众易于理解、接受、参与的方式,普及科学技术知识、倡导科学方法、传播科学思想、弘扬科学精神的活动”。国防科普作为科普工作的重要组成部分,担负着国防科学知识普及教育的重要任务,是推动国防建设的重要手段,是国防教育的核心,是建设创新型国家的重要基础。

我国党和国家领导人历来高度重视全民科学素质的提高,毛泽东、邓小平、江泽民、胡锦涛、习近平同志都对加强科普工作做出过重要指示,有关法律、法规等也得以不断建立、健全。1994 年 12 月,《中共中央、国务院关于加强科学技术普及工作的若干意见》发布,这是党中央和国务院共同发布的第一个全面论述科普工作的纲领性文件。2001 年 4 月 28 日,第九届全国人民代表大会常务委员会第二十一次会议通过《中华人民共和国国防教育法》。2002 年 6 月,《中华人民共和国科学技术普及法》颁布,体现了党和国家对加强科普工作的高度重视,标志着科普工作纳入法制化轨道。2006 年,根据党的十六大和十六届三中、四中、五中全会精神,《全民科学素质行动计划纲要(2006—2010—2020 年)》制定并实施。2007 年,科技部、教育部、国防科工委等八部委颁发《关于加强科学技术普及工作的若干意见》,明确指出加强国家科普能力建设是建设创新型国家的一项重大战略任务,并强调加强国防科普工作。2016 年 5 月 30 日,在全国科技"三会"上,习近平总书记明确指出"要把科学普及放在与科技创新同等重要的位置"。2017 年,党的十九大报告把科普工作提到前所未有的战略高度,对国防科普工作提出了新方向和新要求。

国防科普作为国防科学技术的普及,是一项跨学科的系统工程,既具有国防、科技的内涵,又具有普及、教育的意义。只有深入理解国防科普的概念,全面把握国防科普涵盖的范围,领会国防科普教育的作用,才能切实把国防科普工作做实做深。

第一节 国防科普的概念

国防科普的概念由"国防"与"科普"组成。其中,"国防"作为"科普"的核心内容,对国防科普工作起着界定的作用;"科普"作为"国防"的传播形态,在以"国防"为界定的科学技术普及工作中居于核心地位。国防科普具有明显的教育作用,与国防教育密切相关。目前,准确理解国防科普、军事科普、国防军事科普、军队科普等概念,把握国防与科普的含义,厘清国防科普与国防教育的相互关系,对开展国防科普工作具有十分重要的意义。

(一)科普

由于研究领域和研究角度不同,人们对科普概念的理解也存在差异。目前,比较有代表性的理解主要有以下四种。

第一种是从法律角度出发。2002 年 6 月 29 日通过的《中华人民共和国科学技术普及法》(简称《科普法》)第二条规定:"本法适用于国家和社会普及科学技术知识、倡导科学方法、传播科学思想、弘扬科学精神的活动。"

第二种是从传播学的角度出发，认为科普活动是一种促进科学技术传播的行为，它的受传者是广大公众。它的传播内容有四个层次，包括科学知识和实用技术、科学思维和方法、科学思想和观念、科学认知和精神。科普活动要通过大众传播，从而达到提高公众科学文化素养的效果。

第三种是从科学的角度出发，认为"科普就是把人类研究开发的科学知识、科学方法以及融合于其中的科学思想、科学精神，通过多种方法、多种途径传播到社会的方方面面，使之为公众所理解，用以开发智力、提高素质、培养人才、发展生产力，并使公众有能力参与科技政策的决策活动，促进社会的物质文明和精神文明"。《辞海》中将科普定义为"科学技术的传播"，即科学技术社会运行的一种方式，是实现科学技术的信息交流以及科学共同体、政府、媒体、商业机构等公众之间对话的互动过程。它通过各种媒介，将人类在认识自然和改造自然过程中的科学知识、科学思想、科学方法、科学精神在包括科学家在内的所有成员中传播，使公众对科学的术语和概念、科学的研究过程和方法、科学的社会影响等达到基本了解。

第四种是从系统论的角度出发，认为科普是把人类在认识自然和社会实践中产生的科学技术知识、科学方法、科学思想、科学精神，通过多种有效的手段和途径向社会公众传播，为公众所理解和掌握，并不断提高公众科学素质的系统过程。这里强调科普是一个系统过程，强调科普与科研、科普与社会实践、科普传授者与公众等的关系，而不是把科普仅仅局限在科普自身的环节。同时认为，既然科普是系统过程，就可以对科普进行系统监控和管理。这种观点符合当前国际上科普发展的趋势。

科普涉及"科"与"普"。有学者认为，直到20世纪80年代末，我国科普基本定位在"宣传"科学知识上；到20世纪90年代后期，才逐步强调科普不只是知识的普及,还应当重视传播科学思想、方法,弘扬科学精神,培养公众技术技能。进入21世纪,科普有助于提高全民科学文化素质的观点得到广泛认同,开展公众理解的科普活动,倡导科普是科学与人文结合等研究,逐渐引发全社会的重视。2020年,第二十七届全国科普理论研讨会上,中国科学院院士、中国科普作家协会理事长周忠和做了题为"科研人员做科普:一些问题的思考"的主旨报告,针对科普是要"普"什么,提出"科普不仅是科学知识,更要普及科学精神",并解读科学精神为求真务实、理性质疑、探索创新(简称'求真、质疑、探索')。虽然,我国尚存在一些科学家"不愿""不屑""不敢""不擅长"做科普的"四不"窘态,但从近些年国内外的发展趋势来看,越来越多的科学家愿意与公众交流,也愿意与媒体打交道。为此,有专家学者提出:走进新时代,迎接"科普的春天"。

(二)国防

国防,国之大事,立国之本,战争之要,不可不察也。国防一词最早源于《后汉书·孔融传》:"臣愚以为宜隐郊祀之事,以崇国防。"从字面上讲,"国"是指国家,"防"是指防务,合起来就是指国家防务。

《中华人民共和国国防法》将国防定义为"国家为防备和抵抗侵略,制止武装颠覆,保卫国家的主权统一、领土完整和安全所进行的军事活动,以及与军事有关的政治、经济、外交、科技、教育等方面的活动"。《国防科技名词大典》中释义为"为适应国家安全与发展的需要、保卫国家领土主权、防备外敌武装侵略而采取的以军事为主体及与军事有关的政治、经济、外交、科技、文化等的一切措施的总和"。

国防伴随着国家的形成而产生,只要世界上有国家存在,国防就会存在,国防与国家密不可分、相辅相成。有国无防,国将不存。国防建设是为国家安全利益需要、提高国防实力而进行的各方面的建设。现代国防建设包括武装力量建设、国防体制建设、国防科学技术研究、国防工业建设、国防工程建设和战场建设、军事交通、国防动员、国防教育、国防法规建立等。其中,国防工业一般指军事工业,在我国主要是指服务国防建设、直接为部队提供武器装备和其他军需物资的工业部门和企事业单位等。国防科学技术是衡量一个国家综合国力的重要标志之一,也是国防现代化建设的一个重要方面。《国防科技名词大典》中将其定义为“为国防服务的科学与技术的统称”;《中国人民解放军军语》中强调国防科学技术是“直接为国防服务的科学技术”。

(三)国防教育

国防教育以国防为核心、以教育为主体。《国防科技名词大典》将国防教育定义为“为了增强全民国防观念、强化全民国防意识与技能,从思想、政治、智力、体质和技术等方面对国民施以有影响、有计划、有步骤的活动”。

依据《全民国防教育大纲》,全民国防教育的基本任务是:普及国防知识,培训军事技能,培育国防后备人才,激发爱国热情,强化国防观念,增强民族自尊心、自信心、自豪感和凝聚力、向心力,提高全体公民履行国防义务的自觉性。国防教育贯彻全民奋斗、长期坚持、讲求实际的方针,遵循经常教育与集中教育相结合、普及教育与重点教育相结合、理论教育与行为教育相结合的原则。主要内容包括国防政治形势、国防理论、国防历史、国防常识、国防精神、国防法制、国防科技、国防经济、国防外交等教育以及国防训练和国防体育等活动。针对不同的教育对象,教育内容各有侧重。

国防教育是终身性、全民性、广泛性和长期性的教育,一个国家国防教育的效果直接影响到国家的安危和民族的凝聚力。普及和加强国防教育是全社会的共同责任。

(四)国防科普

1978 年,中国科协、中国科普作家协会筹建由军队、新闻出版单位和国防科研单位的科普作家、专家学者、编辑记者组成“国防科普委员会”时,首次正式使用“国防科普”一词。在 2002 年出版的《国防科技名词大典》中,“国防科普”被定义为“为增强国防意识进行的全民义务教育的活动”。国防科普的内容主要包括军事常识、国防知识、国防科技知识、高新技术装备知识、高技术战争知识、防空知识、人防工程知识、战场救护知识以及国防精神等。其中,国防科技指的是为国防服务的科学与技术的统称,包括国防科学技术基础理论研究,武器装备的预先研究、型号研制,试验和技术基础研究,生产、使用、维修技术,国防工程技术,军事系统工程等内容。国防科技按应用领域可分为航空技术、航天技术、船舶技术、兵器技术、核军工技术、军用电子技术及军事工程技术等。

国防科普是国防领域相关科学技术的普及教育与科学方法、科学思想、科学精神的传播活动。国防科普作为国防教育的重要内容,通过国防教育基地开展活动、组织国防训练(如军训等),并通过国防科普图书、报刊、广播、电影、电视、声像等传统媒体,以“互联网+”为特点的新媒体、自媒体和“融媒体”(主要指以互联网+、自媒体与传统媒体“融合”的媒体),以及公益广告、国防科普讲座、培训、展览展示、各种大赛、竞赛等方式进行国防科普宣传与教育,以提高公民的国防观念和科学素质,特别是提高青少年热爱祖国、献身国防的热情和决心。2006 年,随着中央电视台国防军事频道的成立,“国防科普”“国防军事科普”“军事科普”“国防科技科普”等成为约定俗成的以“国防”为内容的科普用语。国防科普包括“国防军事科普”（简称“军事科普”）和“国防科技科普”；其内涵与外延相互依存，很难分清。但“军队科普”的概念是从受众的角度，指针对军队官兵所开展的科普，采用易于理解、接受和参与的方式，使官兵获取科学技术知识、掌握科学思维方式、提高装备技术运用能力，全面提升广大官兵科学素质，确保部队形成战斗力。国防科技科普是围绕国防科技工业所开展的国防科普，服务国家重大战略，融入国防现代化建设，突出国防科技的应用性，着力提升公众应用国防科技处理实际问题、参与公共事务的能力，提升全民国防科技素质。

（五）国防科普与国防教育

国防科普是为增强国防意识进行的全民国防科学技术普及的活动。国防科普是国防教育的重要组成部分。国防教育的方式是有组织、有计划、有目的的活动；国防科普的方式更多样化，包括非政府组织的公益化科普活动等。从整体上看，国防科普与国防教育在目的、原则、途径与方式上有很多相同之处，差别不大。二者的目的都是使公民增强国防观念、掌握国防知识、发扬爱国主义精神、自觉履行国防义务。不同的是，国防科普聚焦科学普及，在途径和方式上更多地强调大众性、多样性和易于接受性，对象是全体公民，重点是军队官兵、国防科技从业人员和广大青少年等。近些年，随着国家科普事业的快速发展，国防科普与国防教育的深度融合，使国防科普教育逐渐形成新的特点。

第二节 国防科普的作用与意义

历史上所有伟大的科技创新，都曾在推动人类文明进步方面做出过巨大贡献。国防领域历来是新知识、新科技最先应用的领域，人类每一次大规模的知识创新，总是带动国防建设的飞速发展，尤其是现代高科技知识的运用已经成为军队战斗力生成的重要方式。为此，世界各国都把先进的科学知识与技术投入和运用到国防领域，形成了以知识作基础、以技术作桥梁、以装备作动力的国防竞争新趋势。

习近平总书记高度重视科技强国建设，曾指出："建设世界科技强国，不是一片坦途，唯有创新才能抢占先机。"在全面贯彻党的十九大精神、建设创新型国家的新时代，发展科普事业是国家实施科技创新和可持续发展战略的重要任务。

（一）增强国防意识，提高国防观念

国防战略是国家战略发展的重要组成部分，国防科技是国家科技创新发展的重要组成部分，同时也是国家经济建设和发展的重要保证。"国无防不立，民无兵不安。"加强国防科普，帮助广大民众建立国防概念、增加国防意识、提高国防观念、了解国防科技知识、树立正确国防安全观、崇尚爱国精神，有利于促进国家经济建设和社会发展、助力建设创新型国家。新时期，国防科普成为增强全民国防意识、提高国防观念、推动国家创新发展的重要任务之一。

（二）普及科技知识，树立科学理念

加强国家科普能力建设是建设创新型国家的一项基础性、战略性任务，是提高全民科学素质和增强自主创新能力的重要基础和推进创新型国家建设的重要保障。新时期，世界范围内的新军事变革加快推进，各种高新技术在国防军事领域的应用越来越广泛，各种高科技武器装备层出不穷，战争形态和作战样式正发生着前所未有的变化。任何一个国家的军队如果没有足够的国防高科技知识，将无

法胜任信息化条件下的作战任务。作为国家科普的重要组成部分，国防科普为加强国防建设，提高广大公众理解、支持和参与国防科技工业创新搭建了桥梁和平台，为提高全民树立科学理念提供了重要保障。

（三）弘扬科学精神，激发爱国热情

2001 年颁布的《中华人民共和国国防教育法》明确指出："普及和加强国防教育，发扬爱国主义精神，促进国防建设和社会主义精神文明建设""国防教育是建设和巩固国防的基础，是增强民族凝聚力、提高全民素质的重要途径""普及和加强国防教育是全社会的共同责任"。2018 年《中华人民共和国国防教育法》修正法案重申了这些要点。党的十九大报告中强调指出，要加强全民国防教育、巩固军政军民团结，为实现中国梦强军梦凝聚强大力量。通过国防科普多种方法、多种途径向社会公众传播和普及国防科技知识、国防科技方法、国防科学思想和爱国主义思想，弘扬科学精神、激发爱国热情，推动国防建设，提高国防实力，促进中华民族的伟大复兴。

（四）提升科学素质，助力国防创新

科学素质是公民素质的重要组成部分。国防科普作为国家科普工作的重要组成，不仅仅强调对科学知识的传播，还强调对综合素质和能力的培养，包括科学知识、技能、思维方法等多个方面。新中国成立 70 多年来，已经建立起了包括核、航天、航空、船舶、兵器、电子等门类齐全、综合配套的国防科研生产体系，取得了一大批具有国内外先进水平的科研成果。国防科学技术信息的广泛传播，特别是多种形式的国防科普活动，能够提高公众科技素质、提升全民科学素养，唤起广大青少年特别是科技爱好者参与发明、发现和创造的热

情,使之成为推进国防科技进步的社会力量,让公众在得到国防知识、培养科学思维的同时,不断加深对国防科技思想、国防科技规律、国防科技方法的理解,是促进国防事业可持续、创新性发展和推动国防建设的重要手段。

第三节 国防科普的特点

国防科普兼具国防、科技、传播与教育属性,具有公益性与大众性、专业性与实用性、科学性与交互性、多元性与传播性等特点。

(一)公益性与大众性

国防科普作为国防科学技术的普及,首先具有公益性。以政府为主导的公益性国防科普,如建设更多的国防科普场馆(所)等,开展一系列由政府组织、社会力量、民办公助的国防科普活动,可以使广大公众掌握一定的国防知识与技能,并越来越多地享用国防科技成果(非涉密),具有显著的公益性。同时,随着国防科技成果通过转化,越来越广泛地应用于现实生活,国防科普的大众性也日益凸显。

(二)专业性与实用性

国防科普的目的是向全体民众普及国防科技知识、传播国防科学精神、国防安全意识和爱国主义思想,帮助公众理解国防战略,提高公众对国家国防现代化重要性的认知水平,具有典型的专业性。同时,由于国防科普的主要内容是国防科学技术,在向大众传播的过程中不仅涉及国防科学技术知识,而且宣扬爱国主义、国防意识、民族精神等,具有显著的实用性。

（三）科学性与交互性

国防科普带有明显的国防、军事与科技的特性，其中国防基础科学知识体系和军事前沿科技知识体系中既包括数理化等理工类基础知识及其在军事中的应用，也包括人工智能、无人系统、航天、航空、生物、新能源、新材料等前沿技术及其在军事中的应用，还包括陆军、海军、空军、火箭军、战略支援部队、联勤保障部队和武警等军兵种以及特种部队结合自身专业和任务特点所需要掌握的多学科基础知识。此外，还包括特殊环境与突发事件应急知识体系，如针对核、生、化、强电磁等特殊工作环境以及驻扎在高原、山地、岛礁等艰苦驻地需要加强的针对性科普知识和基础能力建设，针对网络安全、重大自然灾害、重大公共卫生安全等突发事件等的针对性应急科普知识。因此，对国防科普工作者的能力水平有一定要求。与此同时，国防科普工作的对象也有交互性，如军队科普工作的对象是广大官兵，以全面提升广大官兵科学素质、实现军事人员现代化为主要目标。

（四）多元性与传播性

国防科普的参与者主要是国防科技工作者、广大青少年、部队官兵和社会大众，通过组织易于理解、接受和参与的国防科普创作、国防科普传播等方式开展相应活动，强调易于接受性。国防科普涉及国防军事领域，具有保密要求。例如，部分高等院校的军事教育教材标明为内部使用，部分国防科普场馆和设施需经审批才能参观，有关专家学者身份也不宜公开等。国防科普针对信息碎片化、受众精准化、管理垂直化等现状，存在传播形式的多元化和内容相对受限的特性。

第四节 我国国防科普工作概况

在我国,早在抗日战争前夕,随着“国防文学”“国防诗歌”“国防戏剧”“国防音乐”的出现,国防科普工作相继出现,但内容单一。针对国防科普内容广泛、对象复杂、形式多样、工作范围涉及全国各地和全民等需求特点,在此仅侧重于介绍新中国成立后在国防科普创作、国防科普宣传和国防科普活动等方面开展的工作与取得的成效。

(一)国防科普工作发展脉络

新中国成立后,我国国防建设发生了重大变化,国防科研、国防工业生产和军队建设相继展开,广大军民迫切需要了解国防科技知识和军兵种知识,这给国防科普工作开辟了一个广阔的天地,也给国防科普创作提出了许多新内容、新要求。特别是 1949 年全国政协会议通过的《中国人民政治协商会议共同纲领》第 43 条明确规定:“努力发展自然科学,以服务工业、农业和国防建设。奖励科学的发现与发明,普及科学知识。”接着中央人民政府在文化部成立“科学普及局”,在国家层面成立了“中华全国科学技术普及协会”,这一时期的国防科普创作、国防科普宣传和国防科普教育工作都有了较大的发展。其主要特点包括:一是党和政府、军队都重视科普工作,国防科普工作开始有组织、有计划地进行;二是军队建设和国防建设迅速发展,部队指战员、国防科技从业人员、地方干部群众迫切需要国防科普知识,这一需求有效地推动了国防科普工作的进行;三是许多国防领域的专家学者、科技人员和军事干部参加了国防科普工作;四是发表国防科普作品的报纸、杂志、电台不断增多,为国防科普宣传工作提供了广阔的阵地。全国掀起了国防科普的工作热潮,对普及国防科技知识、促进国防建设发挥了重要作用。

"文化大革命"期间,我国国防科普工作基本处于停滞状态。但是,由于这一时期国际上军备竞赛不断升级、对中国的军事包围有增无减,所以我国的军队建设仍在积极备战,武器装备的研制和国防科学技术发展等仍然受到中央领导同志的重视,并在国防尖端技术方面取得了许多突破。继 1964 年 10 月 16 日原子弹爆炸试验成功后,1966 年地地中程导弹研制成功,1967 年氢弹爆炸试验成功,1969 年我国自行设计的高空高速歼击机首次升空试飞,1970 年人造地球卫星升空,1974 年第一艘核潜艇服役,1975 年首次发射返回式卫星,国防科研和国防工业取得重大的成果,并开始在报刊、电台进行大力宣传,引起了人们的广泛关注,与此相关的国防科普工作也有所开展。1978 年全国科学大会召开后,全国逐渐恢复了一些科普活动。特别是十一届三中全会以后,全党工作重点转移到社会主义现代化建设上来,科普事业进入了一个新阶段。为了适应国防现代化和军队现代化建设的需要,军队首先组织官兵学习国防现代化知识,充分运用报纸、杂志、图书、广播、电视、音像、展览等宣传工具,大力进行宣传和教育,掀起了全民学科学、爱科学的高潮。

此后,我国国防科普工作取得了一系列成就:制定和实施了若干项与国防科普相关的法规和政策;以政府为主导和以非政府组织为核心,开展了多种形式的国防科普活动,创作了一批具有自主知识产权的国防科普作品,初步形成了若干国防科普教育基地,培养了一批国防科普人才,产生了一定的社会影响力。1982 年第五届全国人民代表大会第五次会议通过《中华人民共和国宪法修正案》,1994 年中共中央、国务院发布《关于加强科学技术普及工作的若干意见》,1997 年颁布《中华人民共和国国防法》。

(二)21 世纪国防科普工作

进入 21 世纪,随着党和国家对科普工作重视程度的提高和一系列有关加强科普工作的法律、规定等的颁布,我国科普工作进入了快速发展阶段,国防科普作为科普的重要组成部分,也开始进入制度化建设的发展轨道。2001 年第九届全国人民代表大会常务委员会第二十一次会议通过《中华人民共和国国防教育法》,2002 年第九届全国人民代表大会常委会通过《中华人民共和国科学技术普及法》。这些重要的法律法规文件对科普工作的地位和作用、性质和任务、内容和形式,以及科普工作的领导体制、组织管理、社会责任、保障措施、法律责任等都做了明确的规定,充分表明了党和政府对科普工作的重视和关注。此后,我国又陆续颁布了《反分裂国家法》《全民国防教育大纲》《国家中长期科学和技术发展规划纲要(2006—2020 年)》《全民科学素质行动计划纲要(2006—2010—2020 年)》《中华人民共和国国防动员法》《新时代爱国主义教育实施纲要》,并修正了《中华人民共和国兵役法》《中华人民共和国国防教育法》,对国防科普、国防教育等方面给予规范指导,使国防科普工作取得了显著的进步。

(1)国防科普法制化建设初具规模,但未形成工作体系。

在“十一五”期间形成以原国防科工委为主导的政府部门工作体系和以国防科普委员会为主导的非政府部门工作体系中,原国防科工委下辖的各兵工系统、科研院所和大专院校都有相应的国防科普管理部门和人员,并建立了各自的国防科普传播渠道;而国防科普委员会隶属于中国科协和中国科普作协,是这两个国家级非政府部门的国防科普专职机构,对各省、市、县(区)各级科协和作协的国防科普工作进行指导,并形成了以国防科普委员会为主导、各级科协和作协为架构的国防科普创作工作体系,但两者尚未形成有机高效的工作体系。

(2)开展国防科普调查,逐步开展理论研究。

“十一五”期间,原国防科工委组织开展国防科普重大问题研究和资源调查研究,形成了政府部门了解和掌握全国国防科普工作状况的重要数据基础,但未进行国家层面的同类统计工作。“十三五”

期间，由中国科协与科普作家协会国防科普委员会及军委科技委相关部门开展的“国内外国防科普现状研究”重新进行了相关问题的调查分析，虽无法进行系统比较分析，但通过对国内外国防科普（教育）的研究，明确了依法开展国防科普工作的重要性，归纳总结了国防科普工作中存在的问题，提出了国防科普能力建设的整体思路与加快建设的对策建议，为国防科普能力建设提供了理论依据，也为国防科普工作法规、政策的制定以及发展规划的编制和实施提供了决策依据。

（3）国防科普作品量多面广，但创新性仍显不足。

21 世纪以来，我国国防科普作品无论是在数量上，还是在内容的覆盖面上，可以说是量多面广，在内容的原创性和思想性方面有了一定的提升。2002 年，原国防科学技术工业委员会，组织国内 3000 多位从事国防科技工作的专家学者，编撰出版了《国防科技名词大典》，共收词 20000 余条，彩色图表 6000 余幅，近 1200 万字，分为综合、核能、航天、航空、船舶、兵器、电子 7 卷，成为我国第一部集国防科技工业各领域专业名词术语于一体的大型专业工具书，也是国防科技科普工作的一项重要成果。近些年，随着国防科普作品在内容和形式上的不断创新，特别是在资金与奖励上逐年有稳定性的投入，鼓励科研工作者和广大科普创作者以独特的视角、科学的内容、新颖的方式、多层面的读者需求进行国防科普创作，同时开展优秀国防科普作品的推介、展演、展映和展示活动，加大宣传范围，尽管创新性仍显不足，但国防科普作品不断增多。

（4）国防科普传播手段增加，基地活动日益丰富。

近年来，随着现代传媒手段的发展，国防科普工作也紧跟时代潮流，针对不同年龄段、不同职业人群接收信息的不同特点，传播手段由原来的图书、杂志、报纸、广播、电视等各种传统媒体逐渐发展到科普中国、头条、微信、抖音、快手、西瓜视频等新媒体上进行国防科普教育和组织各种各样的国防科普主题夏令营、国防科普展览、讲座和竞赛等活动，深受广大青少年的喜爱，使国防科普在青少年群体中的影响面不断扩大，收到了其他科普手段所达不到的效果。

（5）人才队伍不断壮大，但尚需年轻化。

国防科普工作通过活动、基地、传播、设施等各种平台和手段吸引和激发了广大国防科普爱好者的创作热情，从中培养了大批工作能力强、创作水平高的国防科普工作专职、兼职、志愿者等人员，涌现出大量国防科普创作人员和组织开展活动的工作人员。我国目前国防科普人员在数量和质量上尚不能满足公众的需要，初步形成的专业性和职业化人才队伍影响力尚有限，经济发达地区的国防科普人员在数量和专业程度上优于中西部地区，活跃在国防科普工作一线的多是年龄较大的科普人员，而年轻的科普人员尚未成为国防科普工作的主要力量。目前，亟待研究建立国防科普人才队伍建设的长效机制，研究编制国防科普人才培训教材，开展国防科普人才培训与交流，逐步培养国防科普活动的组织者、科技知识的传播者；同时培养和建立国防科普专业管理人才、专家型人才、适应"融媒体"传播人才和志愿者队伍。

（三）国防科普工作案例

本书主要对中国科普作家协会国防科普委员会（简称"国防科普委员会"）、原中华人民共和国国防科学技术工业委员会（简称"原国防科工委"）、国家国防科技工业局（简称"国防科工局"）、军委科技委相关部门开展的有关国防科普工作进行概述。

1. 国防科普委员会国防科普工作概述

国防科普委员会作为我国首次以"国防科普"命名的专业委员会，由军队机关院校、新闻出版单位和地方国防科研部门的科普作家、专家学者、编辑记者共同组成，1980年正式成立，隶属中国科普作家协会和中国科协。其工作任务是繁荣国防科普创作、普及国防科技知识、弘扬爱国主义精神、提高全民国防观念和科学素质。40多年来，随着国防和军队现代化建设的发展，国防科普委员会的创作队伍日益壮大，会员人数逐渐增多，工作范围不断扩大，组织机构逐步健全。目前，北京会员已由创建初期的20多人发展到200余人，除北京外其他城市会员人数100余人。委员会先后设立秘书处联络组、科普图书编辑部、音像电视编辑部、国防教育活动部、报刊网络宣传部、青少年科普工作部、国防科普专家报告团、国防科普展览组、行政财务管理组等；采取统一领导、分工负责，集体研究、分散工作，各尽其能、团结合作，定期汇报、最后总结的方式进行活动。目前，在有关单位及人员的大力支持与协助下，在全国范围内通过征文、知识竞赛等各种形式先后举办了8次围绕“弘扬爱国主义精神、建设强大国防”主题的大型活动；与军队、地方出版社合作组织编写国防科普著作数百部；发动干部群众撰写科普文章上万篇；多次举办军事科普展和国防科普讲座。

第一阶段（1980—1986年）：大力开展国防科普创作，协助军队和地方出版社组织作者编写国防科普图书137种，发行1500多万册，对广大军民普及国防科技知识、加强教育训练起到了很好的作用。

第二阶段（1987—1992年）：组织首都报刊电台联合举办3次全国国防科普征文，发动广大干部群众撰写国防科普文章两万余篇，既繁荣了国防科普创作，又加强了国防科普宣传，促进了国防科技知识的普及。

第三阶段（1993—1995年）：组织首都报刊电台和省、自治区、直辖市国防教育部门联合举办国防知识书面竞赛，全国收回书面竞赛答卷700多万份；组织中央电视台及十几个省、自治区、直辖市电视台举办电视竞赛，使广大军民受到一次生动、形象的国防科普宣传和国防教育，更加关心和支持国防现代化建设。

第四阶段（1996—2004年）：组织百家新闻出版单位和国防教育部门联合举办了3次全国国防教育系列活动，全国收回“爱我中华、强我国防”国防科普征文133万篇，各报刊、电台择优发表8653篇；收回国防知识竞赛答卷1.4亿份，评出获奖人员1295名；还有2万多人参加军事技能比赛，6000多万人参加《国防教育法》宣传活动，1亿多人参加“国防连着你我他”活动，使国防科普活动深入机关、学校和厂矿以及部队与社区，在全国范围产生了较为广泛的影响。

第五阶段（2005—2010年）：联合中国科技馆、中国人民革命军事博物馆和北京科协等16家单位联合举办中外兵器发明与创新“国防科普展览”和几十场国防科普讲座，到场人数8万多人；与北京科协合办“陆海空天”军事科普展览，观众、听众高达十几万人次，使干部群众对世界武器装备的发展和我国国防建设有了基本的了解，增强了大众对搞好国防现代化建设和巩固国防的信心。同时，协助中央电视台编写《世纪兵戈》电视剧20集，参与中央电视台数字国防军事频道“大家谈”“专家在线”等电视栏目录制上百集；协助报社分别举办“金戈铁马”“新海导航”“国防科技”“兵器百年”等军事科普栏目；组织作者编写了大量的国防科普图书，其中7套丛书获全国或军队优秀科普图书奖。

第六阶段（2011—2019年底）：组织百家新闻出版单位和国防教育部门联合举办全国国防教育系列活动，参与网上答题超过1亿人次；据不完全统计，委员会副主任委员以上人员深入大中小学、机关部队、党校、社区等举办讲座3000余场，参加电视、网络节目超过500场次，出版图书近百种，荣获包括首届中国人民解放军出版奖等多种奖项。《中小学生国防知识读本》丛书由人民出版社正式出版发行，成为新时代国防教育的权威教材；2013年与科普出版社联合策划、编撰出版的《科技托起强国梦》丛书获国家出版基金资助。2016年，国防科普委员会组织一系列活动，纪念《中华人民共和国国防教育法》颁布十五周年。为纪念中国人民解放军建军90周年，2017年3—8月与中国少年儿童出版社、中国航工学会、中国少年军校同盟共同主办“我是国防小达人”全国少年儿童国防知识竞赛，在全国中小学生中产生广泛影响。2019 年，为庆祝新中国成立 70 周年，策划和组织了一系列活动，包括与《我们爱科学》杂志社联合举办的“庆祝新中国成立 70 周年国防趣味科普知识竞赛”，与中国少年儿童出版社联合举办的“全国百家期（报）刊少儿国防科普知识竞赛”，以“书香少年中国”国防科普研习品牌为载体举办的“夏令营”与国防科普研习活动，以及“庆祝人民海军成立 70 周年海洋与国防科普全国青少年系列活动”（图 1）。2019 年 9 月 22—27 日，国防科普委员会首次参加由中国科协青少年科技中心、陕西省科协主办的“2019 中国科协大手拉小手科普报告希望行”巡讲活动，国防科普委员会 6 位国防科普专家通过聚焦航天、海洋、海军、兵器等方面的科学知识，为陕西宝鸡地区的中小学生解读航天梦、航母梦、强军梦、中国梦。

图 1　2019 年，国防科普委员会组织庆祝人民海军成立 70 周年海洋与国防科普研习活动，策划出版《国之重器——舰船科普丛书》

2. 原国防科工委国防科普工作概述

新中国成立后，我国的国防科技工业经过数代科技工作者和广大职工的艰苦努力，不断发展壮大，为增强国防实力、建立现代工业和发展国民经济做出了重大的贡献。在21世纪到来之际，由原国防科工委组织和聘请3000多位包括两院院士在内的知名专家参与编撰的《国防科技名词大典》，对国防科技名词术语进行深入分析、研究，统一称谓，逐步实现通用名词术语标准化、规范化，全书分为综合卷和6个专业卷，把综合性、通用性、基础性的词汇集中在综合卷，专业性较强的词汇则收录在各专业卷，对国防科技新概念、新成就、新技术、新方法进行了全面阐述，具有权威性、系统性、实用性的特点，不仅是我国第一部集国防科技工业各领域专业名词术语于一体的大型专业工具书，也填补了国防科技科普的空白。

2007年，科技部、教育部、国防科工委等八部委联合颁发《关于加强科学技术普及工作的若干意见》。2008年，原国防科工委组织开展了国防科普重大问题研究、国防科普工作情况调查问卷分析、国防科普知识图书的编辑出版，以及国防科普活动、国防科普宣传等一系列科普工作，并根据我国国防科普发展的需求起草制定"十二五"发展的指导思想、目标和措施建议等。其中，国防科普工作情况调查问卷分析为全国首次进行的国防科普工作情况调研，共发放问卷476份、有效问卷455份；还组织有关协会、学会、院校、科普研究单位召开国防科普工作座谈会，整理完成49个相关单位的关于开展国防科普工作的报告56份。在此基础上，组织编撰《国防科普宣传教育基地情况调查研究》《国防科普教育宣传基地发展规划》，完成了《国防科普重大问题研究》和《国防科普资源建设研究》报告，为开展国防科普工作打下了良好的研究基础。与此同时，多次组织有关专家赴清华大学、北京理工大学、对外经贸大学等高校举办国防科普知识讲座，不仅受到众多在校大学生的欢迎，而且获得了许多校外听众的好评，收效显著(图 2)。

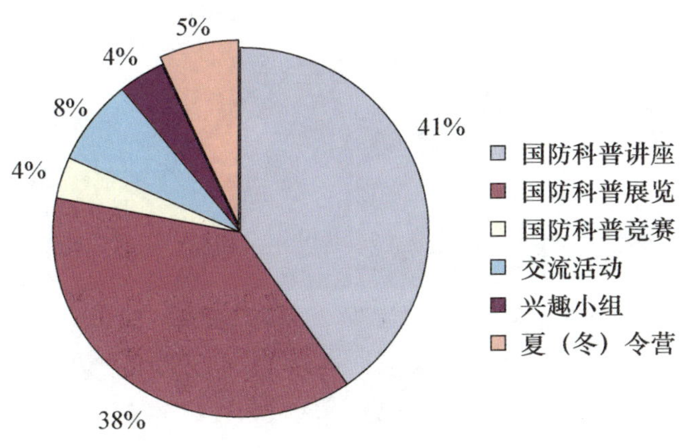

图 2　2008 年国防科普活动比例图

在开展丰富多彩的国防科普活动方面，军工系统各行业协会、学会发挥了重要作用。例如，中国宇航学会举办的“专家带你走进中国航天”系列活动专门针对大学生，与相关大学联合组织小型展览、科普报告、咨询等科普活动；中国航空学会积极组织未来飞行器设计大赛、全国航空知识大赛等各种竞赛，提高了广大青少年探索航空科技的积极性；中国造船工程学会每年都会配合航海日宣传举办舰船知识夏令营活动，来自全国各地的青少年通过听讲座、参观等方式增强了爱海洋、爱国防的意识(参见图 3)。2008 年，国务院机构改革后，成立了国家国防科技工业局(简称“国防科工局”)，不再保留原国防科工委。

3. 国防科工局国防科技科普工作概述

在国家的相关政策性文件中，对加强国防科普工作做出了要求。但只是笼统地提出了对国防科技工业开展科普工作的要求，国防科技工业缺乏行业性质的配套政策文件、指导意见及长远规划，无法对国防科技科普工作在目标任务、重点工作、保障措施等方面工作进行具体指导，导致国防科技科普工作主体责任不明确，职责任务不清

图3 原国防科工委组织开展国防科普工作座谈会、国防科普知识竞赛、国防科普论坛、国防科普讲座等活动

晰，工作经费、人才队伍没有制度性保障，限制了国防科技科普活动的规模性、持续性、广泛性及社会影响力，国防科技的整体实力、创新成果等无法得到充分展示，公众缺乏基本的国防知识。《中国国家科普能力发展报告(2006—2016)》显示，29个国家部委对国家科普工作贡献率不断提高，而国防科技工业在“十二五”期间的排名从2011年的第6名逐年下降到2015年的第23名。2017—2018年的《中国科普蓝皮书》中国防科技工业的综合贡献率排在队尾。近年来，国防科工局开展了继往开来的国防科技科普工作，具体如下：一是科普期刊图书为国防科技事业持续培育了一大批爱好者、关注者和未来的参与者。《兵器知识》《舰船知识》等多种期刊年总发行量超过1000万份，在纸质期刊发行量受到移动互联网严重侵蚀的情况下仍然维系了一个较为庞大的读者群体，且受众多为青少年、在校学生；荣获“中国科普作家协会优秀科普作品奖”的《中国载人航天科普

丛书》《月球密码》等国防科普图书受到广大读者好评。二是各军工行业建设了一批具有行业及历史特色的博物馆、科技馆，宣传和展示了国防科技工业取得的科技成就和军工文化精神，向社会公众提供了国防普及的窗口和课堂。三是各集团公司、有关部门及行业社会团体积极组织开展了内容丰富、形式多样的科普教育活动，中国航天日活动精彩纷呈，中国探月工程巡展影响广泛，与中央电视台联合制作的系列纪录片《军工记忆》《聂荣臻与国防科技》《钱三强》在国内引起强烈反响，选树了一批叫得响、立得住的大国工匠和时代楷模。同时，适度开放了国防科研院所和所属高校的实验室等设施，如中国船舶集团发起成立的国防科技创新基地战略联盟打造“实验室开放日”活动，既展现了国家级实验室的风采风貌，又进行了国防科普宣传和教育；由国防科工局、国家核安全局、国家能源局、中国科协联合指导，由中核集团主办的“核你在一起”科普开放周活动已开展至第五届。“十三五”期间，全行业年均创作制作图文类国防科技科普作品上千种、影视动漫类数百种、宣传品类数十种。国防科技科普传播形式不断丰富，初步实现内外资源共享，形成传统媒体与新媒体、国防科技行业媒体与社会媒体相互融合的立体传播局面，精准推送能力不断提升。以移动互联为代表的新媒体迅猛增长，成为国防科技科普传播的重要平台。

2019 年，国防科工局组织开展了新时期国防科技科普对于提升国防科技创新能力策略研究，首次组织航天、核等领域的科技人员参加由中国科协组办的“全国科普讲解大赛”；同年开展了“新时代、新青年、新军工”国防科技工业知识竞答活动；组织国防科普教育基地（表 1）的科普活动周等活动，使国防科技工业的影响力不断扩大。

表1　2019年科普活动周期间参与组织活动的国防科普教育基地概况

序号	名称	所属单位	地址	简介
1	中国核工业科技馆	中核集团原子能科学研究院	北京市房山区阎河路	中国核工业科技馆已先后入选国家国防教育示范基地、全国核科普教育基地、国家能源科普教育基地、全国中小学生研学实践教育基地、北京市科普教育基地。 建筑面积13000平方米，展区面积7000余平方米，设有中国核工业、探索核奥秘、核燃料循环、开发核能源、核在我身边、核在国防中、核与辐射安全共7个展厅，拥有100多件历史文物、30多个实物模型和50多个多媒体互动展项
2	秦山核电科技馆	中核集团秦山核电站	浙江省嘉兴海盐秦山镇	核电科技馆总建筑面积2.57万平方米，布展面积8300平方米，占地面积1.9万平方米，以体验科学、启迪创新为核心设计理念，设置有中国核电之路、核安全与环保、核谐家园等13个展厅。一层以“核能与发展”为主题，展示中国核电发展之路。二层以“核能与安全”为主题，展示核电原理与安全文化。三层以“核能与生活”为主题，展示核能基本原理及核能基础知识
3	中华航天博物馆	中国运载火箭技术研究院（航天一院）	北京市丰台区南大红门1号	中华航天博物馆分为运载火箭、载人航天、人造卫星、月球探测、火箭发射演示、航天器、中国航天形象、航天集团综合简介、古代航天探测、国际合作与交流、未来航天展望等十多个展示区域。通过翔实珍贵的历史资料和丰富的实物与模型，以现代的展示手段生动地展示了中国航天事业的过去、现在和未来
4	航天城会展中心	中国空间技术研究院（航天五院）	北京市海淀区友谊路104号	成立于2005年，布展面积近2000平方米，分为通信卫星、气象卫星、返回式卫星、北斗导航系统、载人航天工程、卫星应用、月球探测等15个区域，具备专业、庄重、现代的特点和航天特色，通过实物、模型、图片、文字、音频等多种形式，体现时代特色
5	晨光1865科技创意产业园	中国航天三江集团有限公司	江苏省南京市秦淮区正学路1号	晨光1865科技创意产业园由江苏省南京市秦淮区政府和晨光集团创办，产业园所在地为李鸿章于1865年兴建的金陵制造局旧址，园区有9幢清代建筑、19幢民国建筑，如同一座近代中国工业博物馆，记录着中国民族工业发展的历史轨迹

续表

序号	名称	所属单位	地址	简介
6	066 基地历史博物馆	中国航天科工集团有限公司	湖北省宜昌市远安县	066 导弹基地旧址是我国三线建设时期的重要代表，是我国首个越野机动近程地地战术战役导弹研制生产基地，它是老一辈航天人在战天斗地、克难奉献的辉煌历程中留下的宝贵财富，具有十分鲜明的时代特征、三线建设印迹和军工文化特色
7	沈阳航空博物馆	中航工业集团沈阳飞机工业有限公司	辽宁省沈阳市皇姑区陵北街 1 号	沈阳航空博物馆分室内和室外两个部分，室内展区介绍了沈飞的诞生发展和沿革历程
8	广东省爱飞客公益基金会	中航通用飞机有限责任公司	广东省珠海市香洲区银湾路 1519 号	基金会借助通飞航空优势资源，与珠海市教育局共建的珠海市中小学生航空科普基地，旨在提升西部地区及全市中小学生开展科技方面的学习与社会实践活动，发展特色课外活动项目。现已成熟的研学内容包括：①参观航空文化展厅，航空知识讲堂；②参观飞机总装生产线，非涉密机型真机、物理样机静态展示；③观看直升机飞行表演；④航模手工制作或航空科普小实验；⑤模拟器飞行体验；⑥其他航空科普内容
9	北方兵器城	兵器工业内蒙古北方重工业集团	内蒙古自治区包头市	北方兵器城在内蒙古北方重工业集团有限公司厂区外侧，是一座以“绿色生态”为原则，以“传播军工文化、体现休闲娱乐”为主题的特色公园，是中国华北地区第一家以军事为特色的旅游景区，是国家 AAAA 级旅游景区。北方兵器城展出新中国成立以来自主生产及引进的装甲车、火炮、战斗机和导弹等退役武器
10	北方车辆研究所	兵器工业集团第一研究院	北京市丰台区槐树岭四号院	中国北方车辆研究所是我国唯一的坦克装甲车辆总体研究单位和兵器地面无人平台研发中心。院内建有两个露天坦克长廊，我国地面武器装备展厅也坐落在研究所内
11	轻武器博物馆	兵器装备集团 208 研究所	北京市昌平区南口镇马坊村 1 号	轻武器博物馆建于 2011 年，展馆内分为世界厅和中国厅两部分，陈列了大量枪械系统、榴弹武器、单兵制导武器等近现代轻武器实物并配有专业的注解说明

续表

序号	名称	所属单位	地址	简介
12	江南造船博物馆	江南造船集团公司	上海市卢湾区鲁班路	江南造船博物馆生动地再现了江南造船（集团）公司自 1865 年建立以来的悠久历史，从一个侧面形象地展现了中国造船工业以及中国近现代工业、中国近现代海防军事工业的发展过程，具有较高的历史研究价值和科普教育作用。博物馆陈列内容分新中国成立前后两大部分。在 1800 平方米、分为两层的展厅里，各种图片、实物、船模、机械模型，除展示出跨越了 3 个世纪的江南在不同历史时期的代表性船舶产品外，还展示了江南在上海市和国家重点建设项目如磁悬浮列车轨道、卢浦大桥、国家大剧院等方面的重要贡献
13	中国集成电路创业史陈列馆	重庆大学城市科技学院	重庆市永川区光彩大道 368 号	重庆大学城市科技学院所在地曾是原电子工业部 1424 研究所旧址，这里曾诞生中国第一块大规模集成电路。陈列馆由中共重庆市永川区委、中电科技集团重庆声光电有限公司以及重庆大学城市科技学院三方共同筹建。 该陈列馆以中国集成电路创业发展史为主线，分别由序厅、主题展馆、尾厅和二十四所员工姓名墙组成，通过文字、图片、视频、新媒体融合等形式，真实、生动地讲述了中国集成电路在不同历史时期的使命担当、上下求索、不懈奋斗的创业发展历程，再现了我国第一块大规模集成电路在永川诞生的过程
14	中国工程物理研究院科学技术馆	中国工程物理研究院	四川省绵阳市游仙区绵山路 64 号	中国工程物理研究院科学技术馆是我国第一个核科技、核武器专题科学技术馆，1998 年 10 月正式对外开放。该馆以我国核武器的发展史为主线，环顾当今世界高科技领域，用图片、模型、实物、声像等，生动形象地介绍核能的开发利用、核武器原理、激光武器、高功率微波武器等基本概念和发展前景，展示了中国工程物理研究院创业者艰苦奋斗、无私奉献、为国争光的精神风貌。 中国工程物理研究院科学技术馆被命名为国家红色旅游经典景区、爱国主义教育基地、全国科普教育基地、青少年科技教育基地

2020年6月,国防科工局启动国防科技科普“十四五”发展规划编制工作,成立编写委员会及编写组,提出高水平、高质量、高站位的编制规划目标。编写组先后召开16次研讨会,注重与国家科普规划、行业相关规划衔接,规划由形势与需求、指导思想基本原则与发展目标、主要任务、重点工程与保障措施五部分组成。根据科普工作实际,提出场馆体系建设工程、传播平台建设与应用工程繁荣国防科普创作、科普品牌活动创建、人才队伍建设“五个一工程”,提出加强组织领导、强化政策支持、完善经费保障、落实任务分工、强化基础研究五个保障措施。2021年2月25日,中国航天科技集团围绕“弘扬航天三大精神,传承航天优秀文化,传播航天科技知识,履行央企社会责任,丰富社会教育资源,培养科技创新人才”的科普工作目标,批准成立集团公司科普专家委员会,推动航天科普事业的规范化创新发展,激发社会公众对航天科技的关注与热爱,助力营造崇尚科学精神、追求科学真理的社会氛围和创新生态,为国防科技科普的创新发展树立新时代风向标。

4. 军委科技委相关部门国防科普工作概述

2016年6月,军委科技委相关部门组织军、地有关专家首次开展研讨,将有关国防与军队科普工作的问题及思考形成初步意见,提出“开展国内外国防与军队科普现状调查研究”工作。同时,针对国防和军队建设需要公众的关心、支持和参与,普及国防科技知识对于提升大众国防安全意识、确保国防和军队建设可持续发展、培养国防建设创新发展人才具有重要的战略意义,与国防科普委员会有关专家学者在联合调研基础上撰写了《关于推进国防和军队科普工作的建议》,其中包括:首先,国防科普需要战略性的顶层设计,急需开展“十四五”规划研究与制定。建议在国家层面,将国防科普纳入国家整体国民素质框架,推动国防科普进入国民教育体系,列入地方相关部门的工作任务。国防与军队系统内部要围绕科技强军、新武器装备列装、未来军事科技发展来充实科普专业力量，提高相关人员的能力与素质。各军兵种、院校和科研院所要把科普工作作为战略性、基础性工程，摆在更加突出的位置。其次，加强政策理论研究，完善法规制度。根据国家有关法律法规，着眼国防科普教育的有效实施，加强国防科学知识传播理论研究，开展国防科普工作法规制度建设，建立法规体系，加强统筹协调，明确各级职责任务，建立组织科学、协调高效的工作机制，形成适应新形势、新任务的国防科普工作体系。再次，明确军队各级在国防科普工作中的责任，大力推进军地国防科普工作融合发展。强调国防科普是国防教育的重要内容，普及全民国防科技知识应成为部队义不容辞的责任和义务。军队院校、科研院所和各级部队在利用地方科普资源和条件开展官兵科技素质教育的同时，应适度开放军队设施，有效利用部队资源，有条件的要对公众开放军队相关场馆设施，组织科技人员到社会开展国防科学知识传播工作；充分利用老旧退役装备和设施，支持地方建立国防科普教育基地；利用新媒体手段传播国防科技知识，如开设国防科普网站、微信公众号等；采用多种形式，组织开展国防科普进基层活动；利用国防教育日等时机，以适当的时间和方式向社会公众进行国防科普教育，在开展国防科普的同时密切军政军民关系，加深民众对军队的感情和了解，为巩固国防打下宽博的思想和知识基础。同时，从制度和机制上将国防科普工作列入相关人员的考评体系。将军队院校、科研院所、研究机构等所属人员发表科普文章、开展科普讲座等国防科普工作逐步列入量化考核，作为晋职晋级的考核内容，使国防科普工作切实楔入科技强军的整体工作中，确保国防科普工作有效落实。

为了解目前我国国防科普特别是军队科普工作状况与主要问题，2017 年 10 月，军委科技委相关部门下达任务，开展国防与军队科普问题研究。为此，课题组进行了相关情况抽样调查，并多次组织研讨会、座谈会，发放调查问卷上千份，访问交流上千次，对国内外国防与军队科普状况、军队科普特点规律及科普活动体系研究等进行调查研究。在调查研究、比较分析基础上达成共识:在大力发展新型武器装备的同时,全面开展军队科普工作,努力提高我军官兵的科技素质,是打赢现代化战争的必然选择,也是建设世界一流军队、实现强军目标的基础性战略性工程。

通过对国防科普特别是国内外军队科普的状况、特点、问题及规律的研究,找出军队科普渠道,从部队科普基础设施、先进科普技术、军队科普活动、科普信息化建设、科普渠道保密性等方面提出思考建议。研究表明,建设世界一流军队,打赢高技术条件下的现代战争,需要一流科学素质的官兵。随着科学技术的快速发展,我军正在加快向信息化军队迈进,大批新型装备列装部队,作战训练、部队管理、综合保障等的科技含量越来越高,广大官兵必须树立科学理念,掌握科学知识和科学方法。加强军队科普工作,是夯实科技强军基础的需要。

多年来,国家有关部门在研究制定有关科普工作的政策、规划时越来越多地关注和重视国防科普与军队科普工作,军队各军兵种、各部门、各单位组织了多种形式的科普活动,取得了一定的成效,但还缺乏总体规划和组织协调,活动开展较为分散。同时,研究发现国防和军队建设需要公众的关心、支持和参与,特别是要采取有效措施引导青少年积极投身国防和军队建设。普及国防科技知识对于确保国防和军队建设可持续发展具有重要的战略意义。

从军队科普传播实践来看,内容的准确性、丰富性、可理解性等对军队科普传播能力产生显著影响。其中,内容资源准确性也称为权威性,指内容符合事实的程度,是内容资源质量最根本、最重要的影响因素,从根本上影响军队科普能力。军队科普工作内容资源的准确性分为军队内部资源的准确性和社会外部资源的准确性。军队内部资源是军队科普工作内容的核心组成部分,是官兵的主要信息来源,一旦出错将对军队科普活动造成根本性打击。内部资源主要来自军事领域专家或其他专业人员，且经过层层审核，一般具有较强的可信性和准确性。社会外部资源是军队科普工作的重要组成部分，在通用性军事知识传播和官兵素质提升方面发挥较大作用。社会外部资源的来源分散，且缺乏权威性和相应的审核机制，准确性一定程度上受到影响，尤其是新媒体在军队科普活动领域中的普遍应用，信息把关人的职能弱化，信息真假的识别难度空前倍增，这部分内容的准确性判断对军队科普工作的影响较为显著。

内容资源丰富性指军事知识的不同表现形式和知识覆盖面。随着信息技术和新媒体技术的发展，以及部队科普环境的改善，军队科普活动中通用性与专业性内容资源的层次、种类、形式等不断丰富，除传统科普读物外，装备手册、产品说明书、声像片、数字化军事知识等表现出极大的科普活力。例如，美军为其武器装备建立了完备的装备科技科普内容体系，包括战场手册、技术手册、士兵手册、承包商提供的技术文件等，内容涵盖每种武器装备的操作、维修、保障，以及相关装备的基本知识，显著提升装备训练水平。军队新媒体的发展进一步强化了内容资源丰富性对军队科普工作的影响。图文并茂、声像结合的内容形式相对于单一的文字更有视觉冲击力，符合当前青年官兵的信息获取特点。相关研究发现，图文结合、直观的内容能引起受众关注，更有助于科学普及。

内容资源可理解性指内容的通俗易懂程度，是根据军事知识、信息的特点和官兵素质水平提出的。技术和工程人员所掌握的军事知识具有一定的技术深度，这些知识对广大基层官兵来说，掌握起来难度很大，一定程度上阻碍了信息的广泛传播。近年来，部队官兵来源结构发生了较大变化，科学文化素质普遍提高，但整体科学素质水平与现代化高技术战争的要求仍不相适应，反映在装备科技信息方面，则表现为装备科技知识匮乏、熟练驾驭高科技装备的能力不足。将专业的军事知识，用通俗易懂的语言传递给广大官兵，减少官兵的理解障碍,增进官兵阅读意愿,有利于军事知识、信息在广大官兵中有效传播和流通。所以,可理解性是军队科普工作内容的基本特性,符合官兵的信息获取特点,对军队科普工作产生重要影响。

2019 年,在国防科普与军队科普研究的基础上,开展了军队科普工作规律研究,进一步提出:军队科普的首要工作是培塑科学精神。华罗庚曾说过:"科学是老老实实的学问,搞科学研究工作就要采取老老实实、实事求是的态度,不能有半点虚假浮夸。"因此,要在基层官兵中大力传播科学精神,通过教育引导、典型宣传、成就鼓舞等方式,强化尊重科学、重视技术的理性精神,实事求是、尊重规律的严谨态度,奋发向上、开拓创新的进取意识,真正让"求真""务实""创新""奉献"等科学精神进入官兵头脑、进入工作实践。

同时,军队科普工作的基础是普及科学知识。一名军人科技素养的高低,很大程度上取决于他接受过什么样的教育和熏陶。德国元帅毛奇曾说:"我们普鲁士的胜利早在小学课堂里就决定了。"当今科技日新月异,科学知识呈几何级数飞速增长,如果没有一定的科学知识积累,必然会被快速发展的社会所淘汰。同样,随着部队新武器装备列装,如果没有科学知识作基础,就难以熟练运用手中武器。各级必须在科技知识普及上花心思、投本钱,采取个人自学与集中办班、送学深造与慕课教育、专家辅导与参观见学相结合的办法,确保官兵知识层次始终跟上时代发展、满足岗位需要。

军队科普工作的根本是加强科技运用。科学素养的价值源于实践运用。要努力更新运用大数据、"互联网+"等新理念,积极借鉴地方信息平台、软件和资源等新技术,运用先进科技信息技术改进军事训练、教育管理、日常办公等。

军队科普工作的关键是培养人才。要尊重官兵的主体地位和首创精神,始终以积极支持的心态对待官兵科技创新,以包容个性、宽容失败的态度为官兵科技创新提供广阔空间。"创新之道,唯在得人。得人之要，必广其途以储之。”只有营造良好创新环境，加快形成有利于人才成长的培养机制、有利于人尽其才的使用机制、有利于竞相成长各展其能的激励机制、有利于各类人才脱颖而出的竞争机制，才能让人才根系更加发达，一茬接一茬茁壮成长。

2019 年 12 月 18 日，中国科普作家协会“繁荣科普创作，助力创新发展”国防科普创作研讨会上，来自军、地各单位参与国防与军队科普工作的专家学者研讨国防科普工作发展趋势，决定：将“十三五”期间所开展的调查研究工作成果编撰出版为具有“零突破”意义的《国防科普概论》(图 4)。

图 4　2019 年 12 月 18 日，国防科普创作研讨会上决定编撰出版《国防科普概论》

2020 年，军委科技委相关部门组织编制军队科普工作的“十四五”规划，在总结“十三五”期间开展的相关研究工作和军队科普活动基础上，深入分析了当前军队科普工作面临的新形势与需求，针对军队科普工作的现状与问题制定指导思想、基本原则、发展目标和重点工作，为“十四五”期间有序开展军队科普工作和未来可持续发展打下基础，提供保障措施。

第五节　我国国防教育现状概述

国防科普教育与国防教育密不可分，国防教育是为捍卫国家主权、领土完整和安全，防御外来侵略、颠覆威胁，对全民传播与国防有关的思想、知识、技能的社会活动，是国防建设的重要组成部分。国防教育主要内容包括国防理论、国防法制、国防历史和地理、爱国主义思想、国防精神、国防常识、国防科技知识、国防体育等。目的是弘扬爱国主义精神，使全民增强国防观念，掌握必要的国防知识和军事技能，自觉履行国防义务，关心、支持、参与国防建设。

新中国成立 70 多年来，国家制定了《中华人民共和国国防法》《反分裂国家法》《中华人民共和国国防动员法》《中华人民共和国兵役法》等 20 多部法规，以完善国家防务，鼓励广大人民群众积极参与、共同维护国家安全。2000 年，确定每年 9 月的第三个星期六为“全民国防教育日”。2002 年 4 月成立国家国防教育办公室，负责规划、组织、指导和协调全国国防教育工作，拟定国防教育政策、法规、规划，组织编写国防教育大纲和教材；组织协调地方和军队有关部门宣传贯彻党和国家关于国防教育的方针政策，开展国防教育活动；检查督促全国国防教育工作的落实、总结、推广，管理全国国防教育基金组织和其他国防教育社会组织；组织开展国防教育政策理论研究；负责每年组织全民国防教育日主题活动。

本书按照《中华人民共和国教育法》第十七条规定“国家实行学龄前教育、初等教育、中等教育、高等教育的学校教育制度”对国防教育抽样案例进行分类归纳，但因缺少系统调查数据和典型案例分析，只能抛砖引玉，有待“十四五”期间开展深入研究，形成进一步的认知。

(一)高校国防教育现状概述

在国防教育的基础理论研究方面,我国高校关于国防教育的专项研究始于20世纪80年代中后期。大多数学者研究的重心集中在高校国防教育的地位及作用、学校国防教育的理论基础、国防教育的课程建设及学科建设几个方面。

我国在普通高校国防教育实践方面,在部分高校开展学生军训试点工作。由于当时的研究内容主要是配合军训开展,因此并没有引起人们太多关注。1994年5月,原国家教委、总参谋部和总政治部联合修订下发《高等学校学生军事训练教学大纲》。2001年6月,国务院办公厅、中央军委办公厅转发教育部、总参谋部、总政治部《关于在普通高等学校和高级中学开展军事训练工作的意见》。2002年6月,教育部、总参谋部、总政治部又发布《普通高等学校军事课教学大纲》。我国现行的《中华人民共和国兵役法》和《中华人民共和国国防教育法》也规定高等学校大学生在校期间必须进行军训。特别是作为高等学校大学生思想政治教育纲领性文件的《中共中央国务院关于进一步加强和改进大学生思想政治教育的意见》专门指出:"高等学校要认真组织大学生参加军政训练。"教育部、团中央《关于进一步加强和改进大学生社会实践的意见》进一步明确:"认真组织军政训练,要把军政训练作为必修课纳入学校整体教学规划,认真组织实施。使大学生在军政训练中提高思想政治觉悟,增强国防观念和国家安全意识,培养爱国主义、集体主义、社会主义和革命英雄主义精神。加强组织纪律观念,发扬艰苦奋斗、吃苦耐劳作风。"军训作为一种特殊的教育形式,也成为国防科普教育的重要平台,具有其他教育形式不可替代的功能。

从思想教育上,我国高校总的培养目标是把学生培养成社会主义事业的合格建设者和可靠接班人。其中,可靠接班人的培养目标主要是依靠思想政治教育实现的。我国高校思想政治教育的内容以理想信念教育为核心,以爱国主义教育为重点,以思想道德建设为基础,以大学生全面发展为目标。而军训是集爱国主义教育、集体主义教育、组织纪律观念、艰苦奋斗和文明行为教育于一体的教育活动。军训的教育内容是思想政治教育内容的重要组成部分。军训教育与思想政治教育内容上的一致性,使其成为思想政治教育的重要途径和基本形式之一。从组织结构上,军队是最具有组织性的社会组织,也是运行效率最高的社会组织。按照军队的组织模式对学生进行训练,可以为大学生进入大学这一新的组织创造一个良好基础。军训对大学生进行共同目标认同、协作意愿形成以及个人与组织关系等组织构成"软"要素的熔炼,对于大学生进入大学后在组织运行中的积极态度、参与组织运行的热情都有很大帮助。从行为规范上,高校是为国家培养人才的场所,是建设社会主义精神文明的阵地,理应成为全社会讲文明讲礼貌的楷模,因此高校都制定有大学生日常行为规范,要求学生养成良好的行为习惯。学校对大学生日常行为的规范要求需要认知教育,更需要训练。我军通过《中国人民解放军内务条令》《中国人民解放军纪律条令》《中国人民解放军队列条令》对军人提出行为的规范要求,并通过集中的新兵训练和强制约束使军人养成良好的行为习惯。队列动作训练是学生军训最基本的内容。学生通过高强度的队列动作练习,可以锻炼体魄,使之成为规范行为习惯的养成基础。从这个意义上讲,军训行为规范的特殊作用是其他教育形式不可代替的。

1997 年、2000 年、2005 年、2008 年,为贯彻落实有关普通高校国防教育文件的相关规定,国家分别召开了第一届、第二届、第三届、第四届全国普通高校国防教育学术研讨会,共收到论文 1753 篇,其中 349 篇作为优秀论文被收入研讨会论文集并出版。鉴于我国国防教育体系尚未成熟,还没有发展形成一门独立的学科,而且全国还没有专门的国防教育学术期刊，因此可以认为这些论文在一定程度上反映了中国普通高校国防教育研究十几年来的成果和水平。

除了军训，部分高校还开展精武强能等主题的演讲比赛、辩论赛、国防知识竞赛等活动，让在校生感受国防魅力、增强国防意识。还有部分高校尝试开展“国防生一日体验”活动。通过张贴海报及网上宣传、学生报名、建制分班等环节步骤筹划一日体验，将叠军被、练队列、进行如“心理拓展”“400 米障碍”“渡海登岛”等一系列锻炼体力、考验耐力的项目，让地方大学生充分感受军营生活，增强自身的国防意识和国防责任，使国防教育宣传通过实践深入人心。

国防生作为国防教育宣传主体，身兼“准军官”与地方大学生双重身份，在国防教育宣传方面具有独特优势。据调查了解，2002 年全军 24 所高校 600 余名国防生首次成批量补充部队。2010 年，117 所高校与部队签约培养国防生，累计招生 6 万余名。经过一系列政策调整后，2016 年全国招收国防生高校有 65 所。2017 年 5 月起，不再从普通高中毕业生中定向招收国防生。目前的 65 所培养国防生的高校，教职工与学生的总数就是国防生所直接面对的国防教育宣传的客体受众对象。按照“985”“211”高校的办学规模综合来看，一般普通高等院校的在校学生加上教职员工数量在 3 万人左右，而这 65 所有国防生培养任务的高校背后就是约两百万的地方普通大学生和高校教职员工直接受众，这个“直接受众”数量是巨大的，当然也侧面反映了面向我国国防生开展国防教育宣传是有极大潜力和空间的。与社会上的国防教育宣传引导的对象是不特定的多数人不同，国防生高校的人员相对稳定，升学毕业与入学学生具有良好的数量互补，这些大学生在至少四年的学制内都能够不断接触有关国防教育。

调研表明，大多数国防生培养高校进行国防教育宣传的主要手段是，开展国防类活动竞赛。以培养海军国防生的哈尔滨工程大学为例，其选培办及国防教育学院每年会定期开展一个月左右的海军文化建设月活动。通过覆盖拔河、足球、篮球等10多种项目的“海军节大比武”“海军节文艺晚会”和“献身国防”PPT创意设计大赛、海报设计大赛等配套活动，增强国防教育宣传力度。

同时，部分高校会结合建军节等节日开展有关活动。例如，在建军节组织阅兵式，通过严格集中训练，进一步彰显国防生们的队列能力素质和良好精神风貌；在清明节，组织国防生统一着军装祭扫先烈、寄托哀思，通过铭记历史的行动提高国防教育的感召力。

此外，国防生高校进行国防教育宣传的主要手段还包括组织大学生兴趣社团，如国防协会等。协会主要依托地方高校团委负责组织一些红色革命地参观、观看红色主题教育电影；进行定向越野、真人CS比赛；办国防报并定期发行等活动。

（二）中学国防教育现状概述

教育是无形的国防，一个国家在基础教育阶段的国防教育水平影响其未来国民的国防意识水平。中学时期是一个人心理健康发展和判断能力形成的关键时期，在此时期树立正确的是非观对一个人的成长至关重要。作为我国基础教育的主体，在中等教育中设立国防教育将起到非常重要的作用。

在调查中发现，大多数中等教育学校没有自己的国防教育体系和国防教育方式，多数学校通过每周一次的升旗来试着传递一种影响，国防教育在中学整体课程框架中的位置有待调整。尽管如此，仍有一部分学校开展了符合自身实际情况的国防教育活动。其中，大中城市特别是北京、上海、广州等城市的学校结合科技或文体课开展相关国防科普工作，如北京师范大学第二附属中学在每年一度的科技节期间安排国防科普活动(图5)。近些年，一些省市开设了海军航空兵试验班等特色教学，组织开展了相应的国防科普活动；越来越多的学校逐渐通过开展国防科普活动形成了特色的办学理念和品牌活动。

图5　北京师范大学第二附属中学的国防科普讲座

北京市海淀区有一所具有悠久红色传统的学校，长期重视国防教育，并将其以课程的方式融入学生学习。该校将开学典礼和每周的升旗仪式，打造成对学生进行爱国主义教育的重要平台。不仅通过邀请包括军人在内的各行各业的优秀代表参与开学典礼，为学校学生提供国防教育资源来激发学生的国防意识和爱国热情，而且还邀请武警仪仗队的战士与学校国旗班的学生一起举行庄严的升旗仪式，用这样一种形式来传递守护国旗、守护国家的精神。此外，每逢建军节等重要节点，该校都会以每周一的升旗仪式作为国防教育课堂，用朗诵、演唱、对话等学生喜闻乐见的方式来传递国防教育理念。在少先队员入队和共青团员入团仪式上,学校都会选择与国防密切相关的地点作为联合入团、入队仪式的场所,如西山国家森林公园无名英雄广场、中国人民革命军事博物馆等,并邀请国防专家共同参与仪式,将对国家的忠诚与热爱润物无声般地传递到每一名队员、团员身上。

该校在物理、化学、科学等学科授课中经常将我国先进武器装备作为教学案例,供学生学习研究。同时经过几年的实践,该校的校外研学课程形成了比较鲜明的国防特色,即每条校外研学线路中都会至少有一项是专门提升学生国防知识水平或爱国情怀的。例如,辽宁线路以大连造船厂、九一八纪念馆及沈阳飞机工业(集团)有限公司作为重要研学课程实施场所;江浙线路将侵华日军南京大屠杀遇难同胞纪念馆作为重要研学实施场所。除此之外,定期开展的社会职业考察课程也将北京周边的国防科研单位作为学生实地体验学习的重要课堂。

我们通过调查问卷对学生进行了调查和引导。在有效回收的655份问卷中,有志于长大后以军人或国防科技人员参与到国家建设中的问卷有72份,约占总样本数的11%;这些选择了国防相关理想的学生,将钱学森、邓稼先、于敏、黄旭华、孙家栋、南仁东、李延年、杨利伟、韦慧晓等作为其成长榜样。

综上可见,虽然目前中等教育中的国防教育尚未明确有关课程教学大纲的实施办法,但只要学校教育主管领导对国防教育有深刻的认识,同时愿意积极主动地将国防教育与学校课程体系建设进行融合,国防教育在中学教育这个领域是大有可为的。

(三)低幼国防教育现状概述

初等教育是基础教育中的基础,是受教育者打下文化知识基础和做好初步生活准备的根基阶段,这个时期的教育对提高国家民族文化水平极为重要,因此各国在其经济文化发展到一定时期都会在这个阶段实施义务教育。

2018 年,我国共有小学 16.7 万所,大多以正面的、传统的教育模式推广国防科普教育,如开设“道德与法治”“科学”课程,利用每周升旗仪式、学生大会、主题班会、手抄报、小组讨论等多种形式对小学生进行政治、思想、道德方面的教育。小学的前三年侧重于政治信仰、社会道德和行为规范等的培养,后几年则侧重于专业思想、世界观、公益活动等教育,但较少涉及国防科普教育。

在调研中,我们注意到一所将国防文化当作学习生活一部分的小学。该校不仅在校园文化活动中带有国防,与周边高校合作组织开展“国防教育进小学”活动,并邀请周边高校教师进行国防讲座,向小学生普及国防教育、爱国主义教育、科技创新教育等;而且还开设了古代经典战争、中国海军发展史、武器发展史等课程,并在每年三月以授课和室外劳动的形式开展学习雷锋教育月活动。同时,还结合课堂内容开展了军姿、正步等基本队列动作课外实践教学,强化学生队列素质、严肃队列纪律。事实证明,经过国防教育授课的班级作风更硬朗、纪律更加严明。可见,国防科普在初等教育中带来的不仅仅是知识,更多的是精神上的建设与成长,鉴于目前教育资源不平均、应试思想严重等问题,仅仅靠着某个学校或者组织的作用是远远不够的,必须统筹规划、全面改革,自上而下行动起来。

学龄前儿童在几十年后必将成为未来国防建设的主力军,对他们国防忧患意识和爱国主义教育的培养无论怎么强调都不为过。在学龄前阶段开展国防教育能够锻炼学龄前儿童的意志,并促其形成良好的习惯。学龄前儿童通过参观、讲述、演讲、模拟等亲力亲为的参与方式进行现代军事科学知识的学习,一方面可渗透国防教育,增强学龄前儿童的爱国情怀,加强对国家、对国防的感性认识;另一方面可以将切身所学的概念知识与国防实际运用相结合，激发学龄前儿童对科学文化知识的渴求。

目前，在我国经济较发达的地区，学龄前教育的主要载体是幼儿园，且已经有众多幼儿园以丰富的形式开展国防科普教育，不仅在幼苗中悄悄埋下了爱国的“种子”，而且还拓宽了学龄前儿童的知识面，更对学龄前儿童一生的知识体系具有重要的浸润作用。

从走访各省市的学龄前教育机构和问卷学龄前监护人的结果来看，我国省会城市中有部分幼儿园不定期地组织学龄前儿童参观博物馆、烈士陵园和举行升旗仪式等亲子活动，旨在通过各类活动针对爱国主义教育进行家园结合、教学相长。例如，部分幼儿园探索尝试让幼儿讲述国防类新闻、其他幼儿进行设想或谈论，并通过老师进行引导，让学龄前儿童潜移默化地接受爱国主义思想和国防科普教育。设计开展动手制作国防装备模型活动，鼓励学龄前儿童积极参与，不断激发学龄前儿童对兵器装备等科技的遐想与思考。又如，学龄前儿童参观博物馆时，用小故事的形式讲述中国国防历史，在学龄前儿童中植入军事的制度、管理和思想等文明成果的正确价值观。

2017 年 5 月，在由中国科普作家协会国防科普委员会主办、北京轩航信息技术研究院承办的“书香少年中国——航母梦、海洋梦、中国梦”两个多小时的活动中，一名 3 岁幼儿同青少年一同倾听中国航母人于瀛先生等讲解百年航母技术发展与我国航母的故事，全然不觉枯燥、乏味，并且还能与老师们互动。2018 年 7 月，在 2018 第五届城市科学节的“百年航空科普大讲堂”活动中，正是这名小朋友首次做了题为“中国歼击机概览”的演讲，对每型歼击机的发展历史、研制背景、武器装备等方面进行了阐述和现场答疑，以幼儿的视角向大众呈现了国防科普的趣味性和通俗性(图 6)。

图6　参加“书香少年中国”国防科普活动时年仅3岁的小朋友,4岁开始讲国防科普,8岁为“中国长征系列火箭概览”做线上云科普

但调研中发现的问题也具突出性,如:国防科普还未成体系地影响到学龄前儿童的教育教学当中;学龄前儿童的监护人对国防科普还未达到足够的认识程度;国防科普的传播媒介中对学龄前儿童的普及比较少见,许多家长反映迫切希望有内容准确、形式丰富、可读性强、可视可触的国防科普绘本、漫画或动画片等优质作品,不仅可以了解国防知识,而且能够感受国防领域大国工匠的科学精神,为孩子们埋下“立志”的种子。

第二章　国防科普媒体传播概况

在国防科普媒体传播中，各类传播介质都扮演着十分重要的角色，将国防科学技术知识的相关内容转换成适于各类媒体表达的语言和公众理解的信息，传送给分布于社会各处的受众群体。传播媒体按照媒介载体的时代可分为传统媒体和新型媒体两大类。其中，传统媒体分为印刷媒体和广电媒体，图书、报刊等属于印刷媒体，广播、电视等属于广电媒体；新型媒体是以“互联网+”为特点、从空间特质上与传统媒体相对应的，可以跨越地理界线得以实现全球化的媒体，如网络媒体（图 7）；综合传统媒体与新型媒体的传播效能形成“融媒体”。

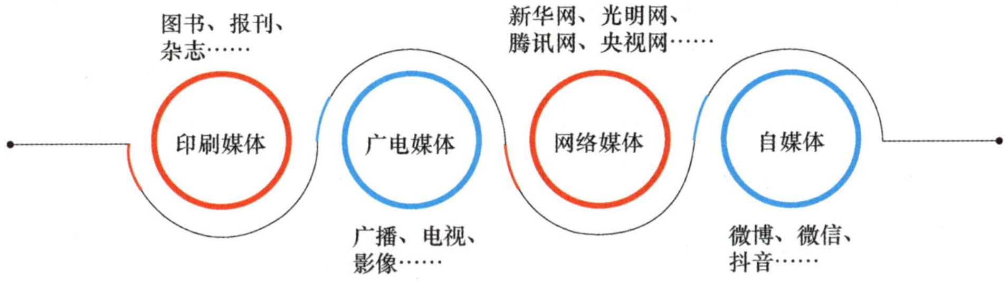

图 7　国防科普媒体传播分类示意图

第一节 国防科普印刷媒体传播概况

(一)国防科普图书的现状与特点

1. 发展概况

目前,国防科普图书的主要类型有教材教辅、大众、科技、少儿类。国防教育教材教辅有北京理工大学出版社出版的《国防特色教材》、山东科学技术出版社出版的《国防教育》等,这一类型为特定类型图书。大众科普类是除专业科技类外,针对科普读物最大的一个出版板块,也是在选题开发和策划上需重点研究图书内容和目标读者以及营销、销售渠道的板块。例如,原子能出版社、兵器工业出版社、航空工业出版社联合出版的《国防科技名词大典》,国防大学出版社出版的《国防大学名师论坛丛书》,湖南科学技术出版社出版的《漫步太空书系》《神九纪实》《哈军工传》《铸剑:国防科技大学自主创新纪实》《大国速度》,电子工业出版社出版的《国防电子信息技术丛书》,江西教育出版社出版的《百部青少年爱国主义教育读本》部分系列,山东科学技术出版社出版的《简明自然科学向导丛书》,西北工业大学出版社出版的《青少年国防科技知识普及丛书》,国防工业出版社出版的《武器装备系列丛书》,宇航出版社的《国防科技知识普及丛书》等。从 2010 年开始,国内图书出版中国防军事图书占总品种的比重呈稳步增长趋势。除去传统的军队系统、国防行业的出版单位,其他一些专业和大众类出版单位也纷纷介入这一细分市场,推出品牌化、系列化产品,甚至有文化公司专门运作国防军事科普图书的相关选题,并取得了不错的经济效益和社会效益。

在国防军事科普出版领域,军队出版单位占主要地位,如解放军出版社、国防工业出版社、国防大学出版社、军事科学出版社等,其出版领域涵盖了专业军事领域的绝大部分题材；海潮出版社、蓝天出版社、兵器工业出版社、中航出版传媒有限责任公司（航空工业出版社）、中国宇航出版社等，则在各自擅长的相关专业领域推出了大量专业性很强的国防军事图书，如国内外军事著作研究、院士文集、教材专著、手册词典等，各具特色；人民军医出版社、军事医学科学出版社等也都策划了一批服务现代后勤建设、保障军队卫生的重要选题。

为了拓展国防军事出版的选题宽度和市场潜力，有关单位纷纷将目光集中在"军用"和"民用"技术相结合的选题领域，如雷达、激光、遥感、地理信息系统、超声速飞机、数据融合、滤波、高能电池等，为民用科研机构提供图书。相似地，还有一些基础性或支持性的技术题材的选题，如纳米技术、智能材料、计算机病毒技术、物流与后勤保障、故障诊断与修复技术等，不仅对军事领域，对一般的航空、航天、舰船、电子、核技术、信息、机械、材料等各个民用领域同样有较高的参考和借鉴价值。国防军事科普读物也是重点选题开发领域，国防工业出版社的《国外著名导弹解析》《网电空间战》、国防大学出版社的《当代外国武器装备丛书》均属此类。

据《中国科普统计（2016 版）》数据显示，2015 年全国共出版科普图书 16600 种，比上一年度几乎翻了一倍，首次突破 10000 种，占同年全国出版图书总种数的 3.49%；印刷册数达到 1.34 亿册，占同年全国出版图书总册数的 1.54%。按照科普图书科普色彩的强弱，一般将科普图书分为核心科普图书、一般科普图书和泛科普图书。核心科普图书明确以普通大众为阅读对象，以科学技术普及为目的，运用通俗易懂的叙述方式介绍科学技术知识；一般科普图书以科学技术普及为目的，采用了浅显易懂的形式介绍科学技术知识，并非以普通大众而是以特定职业的人群为阅读对象；泛科普图书是指具有科学的内容，但在形式方面更专业，阅读对象范围更窄。其中，核心科普图书达到了7588种，占所提取科普图书总数的53.9%，一般科普图书2099种，占所提取科普图书总数的14.9%，泛科普图书4389种，占所提取科普图书总数的31.2%，如图8所示。

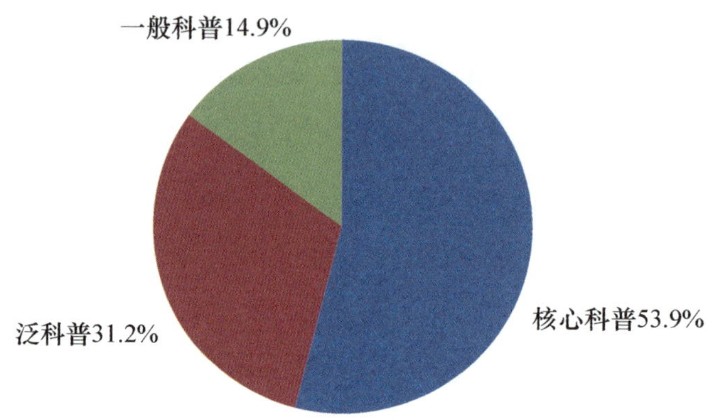

图8　2015年度国内原创科普图书类型比例图

科普图书中除了国内原创之外，还有很重要的一个分支，就是译著图书。我国科普图书中的译著图书来源主要包括英国、美国、法国、韩国、日本、德国、俄罗斯、比利时、加拿大、意大利、澳大利亚等国家和地区。其中译自英国、美国、法国、韩国、日本及德国的最多，占到总译著图书的86.4%。从译著的科普图书类型来看，核心科普图书约占译著总数的73.6%，一般科普图书占译著总数的6.8%，泛科普图书占译著总数的19.6%。但目前尚无国防军事科普图书的专业调查数据、分类等，其比例图如图9所示。

按照科普图书受众人群分类，可将所出版的图书分为儿童读物、青少年读物、成年人读物、老年人读物和特定人群读物。根据目前掌握的统计数据，2015年度科普图书中儿童科普图书最多，约占图书总种数的37.4%。其次是青少年科普图书，占图书总种数的22.2%。成年人科普图书和特定人群科普图书分别占到19.6%和20.5%。老年人科普读物种类最少，约占图书总种数的0.3%。其比例图如图10所示。

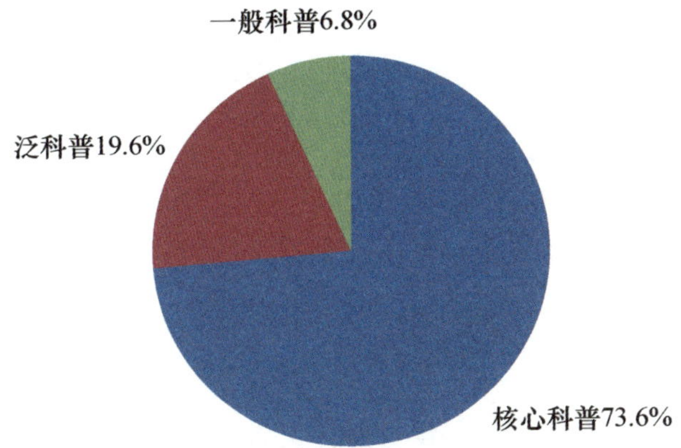

图 9　2015 年度译著科普图书类型比例图

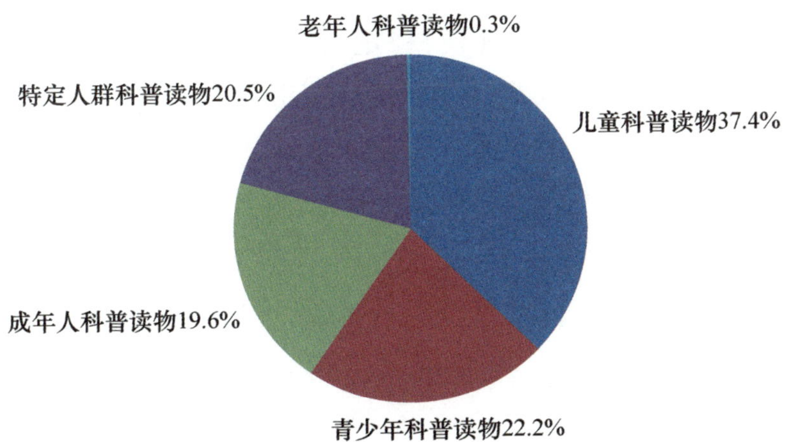

图 10　2015 年度出版科普图书读者分布比例图

就当前图书市场的情况来看，军事类图书在出版领域中已稳固地占有一席之地。但是作为军事类图书主要组成部分的军事科普类图书，并没有取得与其他军事类图书同等的地位。分析现今军事类图书的构成可以看出，支撑军事类图书的主要是军事历史和军事理论，军事科学、军事技术类图书所占比重较小，而以科普形式出现的军事科学、军事技术类图书则更少，后者只是零星地出现在图书市场上，没有形成可以统计数据的板块。

2. 国防科普图书出版建议

近年来,国防军事科普图书在封面设计、版式设计、包装制作等方面的专业水准有所提高,如由最初的单色或双色印刷改为目前多数为四色印刷。从开源数据分析看,读者对原创军事类图书的接受程度还是比较高的,引进的国外著作较少。未来几年国防科普图书出版规模要保持适度增长,可以侧重和依靠出版基金扶持,同时做好如下工作:

一是要关注国内外军事、政治大事,及时了解有关同行的动态,多分析畅销品种的特点和优势,掌握开源数据,做好选题调研工作,这也是对国防军事科普类图书的责任编辑最基本的要求。

二是保持一定的出版规模,稳定、持续地出版国防军事科普图书,重点做好热点题材选题开发。国防军事科普图书中定价 60 元以上的就是高定价产品,定价 40~60 元的为中等定价产品,低定价产品主要指低于 40 元的产品。分析一些畅销的国防军事科普图书销售情况可以发现,定价高的图书销售量并不一定少,这类图书的定价还有上升空间。因此,对于国防军事科普图书,可适当增加高定价产品数量,维持中等定价产品数量,适度出版低定价产品,努力提高产品的重印率。

三是做好产品策划,根据不同的内容特色确定开本、印张、定价、起印数。在基本保持单印张定价水平的基础上,比较好的选题可以增加印张数,适当提高图书定价。高定价的产品无论从内容还是制作上一定要精益求精;低定价产品主要做市场最认可的题材,并且在同类书中要有一定特色。

四是多参考国外书籍和期刊,从中汲取灵感。发达国家的国防军事科学技术先进,相关的知识体系较系统、完善,并具有前瞻性和参考价值;很多引进图书的版式与众不同、资料信息更全,在一定程度上更吸引国内读者。

3. 我国国防科普图书典型案例分析

1)科学普及出版社国防科普图书案例分析

科学普及出版社暨中国科学技术出版社创建于1956年,隶属于中国科学技术协会,是中央级综合性科技出版社,也是中国出版科普图书历史最长、品种最多、规模最大的出版社。主要出版和发行基础科学、工程技术、生命医学、农业科技以及有关社会科学等方面的学术专著和科普出版物;基础教育和职业技术教育以及高等教育的教材教辅出版物;少儿科学教育以及未成年人的出版物等出版物。作为一家非军事专业领域的出版社,该社尝试出版了一些面向市场的国防军事科普图书,虽尚未形成规模和系列,但特色和加速发展的趋势较为明显。

一是出版的国防军事类图书以科普图书为主。2008—2017年,该社总计出版13种国防军事类图书,其中仅有《国防教育训练教程》(2009年10月出版)和《从实验室到大战场——战争与科学》(2012年12月)两种为军事理论图书,其余11种均为军事科普图书。从出版时间看,这两种也是该出版社最先出版的,后来逐步转向国防军事科普类图书。

二是出版的国防军事类图书以国防知识科普和国防人物科普两类为主,读者对象紧扣青少年这一群体,突出简单的知识科普和宣扬科学精神。以2008—2017年该社出版的11种国防军事类科普图书为例,《航母来了:从珍珠港到东京湾》《海洋与海防知识问答》《科技创新梦工厂——美国国防实验室掠影》《军事科技史话(全4册)》《军用飞机探秘》《机器人上战场》《枪的故事——枪的成长简史》《枪的故事——枪的家族故事》《航母王者:美国福特级航母的今生来世》等为军事知识科普图书;《龙腾东方——歼10飞机总设计师宋文骢的故事》《一片丹心向阳红——舰船工程专家张炳炎的故事》等为国防人物科普图书,军事知识类科普图书占比非常大。同时,国防军事科普图书的读者对象都涵盖青少年这一群体，尤其是《军用飞机探秘》《机器人上战场》《枪的故事——枪的成长简史》《枪的故事——枪的家族故事》《龙腾东方——歼 10 飞机总设计师宋文骢的故事》《一片丹心向阳红——舰船工程专家张炳炎的故事》等将读者群体明确限定于青少年。可见，该出版社在发挥自身科普优势打造自身科普品牌方面是有一定考量的。

三是出版的国防军事图书越来越多地趋向于图文并茂的彩印形式。一方面，该出版社出版的国防军事科普图书的开本较为统一，一般采用 170×240 的 16 开本，且定价不高，一般低于市场同类书的定价。另一方面，从 2015 年开始，该类图书在策划阶段为适应现代阅读习惯和精确定位读者群体，对图书内容的表现形式和语言风格加强了初期设计，基本采用图文并茂的形式并选用彩色印刷，以更好地配合和展示图书内容。可见，该出版社在适应市场和读者需求方面不断做出改变。

四是出版的国防军事科普图书半数左右需要一定的出版补贴，近两年开始探索市场图书的策划与运作。2008—2017 年出版的国防军事类图书中，《国防教育训练教程》《从实验室到大战场——战争与科学》两种军事理论图书和《科技创新梦工厂——美国国防实验室掠影》《龙腾东方——歼 10 飞机总设计师宋文骢的故事》《一片丹心向阳红——舰船工程专家张炳炎的故事》等国防军事科普图书都有出版补贴，其中前 3 种全部为作者用书，不面向市场发行；《龙腾东方——歼 10 飞机总设计师宋文骢的故事》《一片丹心向阳红——舰船工程专家张炳炎的故事》等曾获得 2015 年度国家出版基金项目资助，并面向市场发行。2016 年后，出版社出资策划出版了 6 种面向市场的国防军事科普图书，且起印数不低于 5000 册，开始向市场发力（表 2）。

表 2　科学普及出版社出版的国防科普图书

序号	图书名称	出版时间	开本	装帧	印色	定价	作者	图书分类
1	国防教育训练教程	2009.1	16	平装	黑白	35.00	重庆大学军事教研室	军事理论
2	从实验室到大战场——战争与科学	2012.12	16	平装	黑白	25.00	蔡锦涛	军事理论
3	航母来了:从珍珠港到东京湾	2014.1	16	平装	彩色	45.00	甘本祓(微波技术专家)	军事科普
4	海洋与海防知识问答	2014.8	32	平装	黑白	15.00	李杰(海军军事学术研究所)	军事科普
5	科技创新梦工厂——美国国防实验室掠影	2015.9	16	平装	彩色	86.00	中国船舶工业综合技术经济研究院	军事科普
6	军事科技史话(全 4 册)	2016.1	16	平装	黑白	160.00	李俊亭(军事博物馆研究员)	军事科普
7	军用飞机探秘	2016.6	16	平装	彩色	39.00	焦国力(国防委员会副主任委员,空军大校)	军事科普
8	机器人上战场	2017.1	16	平装	彩色	39.00	陈晓东	军事科普
9	枪的故事——枪的成长简史	2017.1	16	平装	彩色	39.00	马式曾(轻武器专家)	军事科普
10	枪的故事——枪的家族故事	2017.1	16	平装	彩色	49.00		军事科普
11	航母王者:美国福特级航母的今生来世	2017.3	16	平装	彩色	48.00	李杰	军事科普
12	龙腾东方——歼 10 飞机总设计师宋文骢的故事	2017.5	16	平装	彩色	28.00	张杰伟(成都飞机设计研究所)	人物科普
13	一片丹心向阳红——舰船工程专家张炳炎的故事	2017.5	16	平装	彩色	28.00	张毅(中国船舶及海洋工程设计研究院)	人物科普

五是出版的国防军事科普图书逐年增多,有意增强和打造国防军事图书板块。一方面,2014 年之前出版的为军事理论图书,而之后出版的均为国防军事科普图书,从时间维度上证明了该社国防军事科普图书类型由理论到科普性质的转变;另一方面,该社在 2014 年 1 月至 2017 年 12 月出版的国防军事科普图书中,2014 年有两种,2015 年有一种,2016 年有两种,2017 年有十种。2017 年出现了大幅度的增长,占据近十年该社全部国防军事科普类图书的六成之多。而且鉴于对此类图书市场的看好,2018 年该出版社开始着手拓展国防军事科普出版业务,并相继开发了诸多国防军事科普选题,其未来几年的规模有望超过以往任何时期。

以《行走的科学故事丛书》为例,这是一套由中国科普作家演讲团现场讲座衍生的图书作品,是作者结合讲座需要,将多年学习研究武器装备科技成果进行整理集合而成的,是对科普演讲的延伸,满足了中国科普作家演讲团科普演讲延展阅读的需要。丛书共 6 本,其中 4 本为军事题材,《军用飞机探秘》《机器人上战场》《枪的故事——枪的成长简史》《枪的故事——枪的家族故事》分别聚焦军用飞机军用机器人枪等武器装备,将相关领域内最有趣最精彩最精华的内容和最新的科技成果以及未来发展趋势以故事的形式娓娓道来,并配有大量精选图片,以奇妙的科学现象为引导,激发读者对科学世界的好奇心和求知欲。

丛书从策划开始,多次召开会议,确定图书内容,在版式设计方面设计了诸多方案。为了便于市场发行,虽然全四色增加了成本,但仍保持较低的单印张定价,即在保证图书品质的前提下损失一部分经济效益,为的就是扩大图书影响,最大程度地发挥其社会效益。这套由具有一线演讲工作背景的资深专家和著名科普作家原创的丛书,真正契合了大中小学生军事迷等广大读者的阅读需求。鉴于这套丛书的编写水平和编校质量,在刊印前便得到了中国科普作家协会的认可，并被科普作协评为协会推荐图书。

总体而言，科学普及出版社作为中国科学技术出版社的“副牌”，在国防军事科普图书业务方面已经成功出版了一部分图书，进行了一些探索与实践，未来有可能继续加大国防军事科普图书的选题策划力度，强化相关业务板块。一方面，可以依靠作者资源，主打国防军事科技类和国防军事理论类图书；另一方面，科普出版社作为中国出版科普图书历史最长品种最多规模最大的出版社，可以充分发挥作者编辑队伍出版营销平台等全方位出版资源的优势，最大限度地策划国防军事领域的科普选题，通过科普作品实现更大程度的社会效益与经济效益双赢。

2）湖南科学技术出版社国防军事科普图书案例分析

湖南科学技术出版社有限公司在全国科技出版中涉及国防科普出版的出版社排名第40名，位于中上水平。近十年，该社出版的国防军事科普虽然图书（表3）品种不多，但有两个特点：一是获奖率高，而且荣获国家最高奖项“五个一工程”奖；二是畅销书占比多，这也印证了前文论述的“科普图书”在市场的抬头与被热捧，全渠道的营销宣传是图书畅销的原因。值得注意的是，湖南科学技术出版社在图书分类中，将科普读物与纪实文学融合在一起，这不仅对作者的写作能力要求非常高，也直白地反映了读者对这类图书的阅读需求。太专业看不懂，太文学没有科学的神秘性，只有将科学性与文学性结合，表达上深入浅出又不失科普本质的作品，才经受得起广大读者的考验，这也是图书出版追求社会效益与经济效益二者合一的特性。

3）国防工业出版社国防军事科普图书案例分析

国防工业出版社设立了国防科技图书出版基金，旨在资助国防领域优秀的科学技术学术著作。基金评审会每年召开一次，通过评审后一般会有半年至一年的改稿时间，然后才正式进入编辑出版流程。

表 3　2008.1.1—2017.12.31 湖南科学技术出版社出版的国防科普图书

序号	图书名称	出版时间	开本	平/精装	彩色/黑白	印量/发行量	定价	作者	作者简介	获奖情况	图书分类
1	哈军工传（上下册）	2007.7.1	16	套装	彩色	20000/2140	120.00	滕叙兖	高级工程师、学者	“五个一工程”奖	军事理论
2	漫步太空——探索印记(第一册)	2008.10.1	16	平装	彩色	10000/4896	29.80	陈善广	时任中国航天员科研训练中心主任研究员博士生导师，中国载人航天工程航天员系统总指挥，总设计师。兼任《航天员》和《航天医学与医学工程》杂志主编		科普读物
3	漫步太空——苍穹信步(第二册)	2008.10.1	16	平装	彩色	10000/4512	29.80	陈善广			科普读物
4	漫步太空——飞天摇篮(第三册)	2008.10.1	16	平装	彩色	10000/4008	29.80	陈善广			科普读物
5	漫步太空——神七纪实	2008.10.1	16	平装	彩色	10000/4908	46.80	陈善广		湖南省“五个一工程”奖	科普读物
6	神九纪实	2012.9.1	16	平装	彩色	10000/3404	58.00	陈善广		“五个一工程”奖	纪实文学
7	铸剑——国防科技大学自主创新纪实	2012.3.1	16	平装	黑白	10000/9258	38.00	龚盛辉	国防科技大学校报编辑部副编审	“五个一工程”奖	纪实文学

续表

序号	图书名称	出版时间	开本	平/精装	彩色/黑白	印量/发行量	定价	作者	作者简介	获奖情况	图书分类
8	好奇号——火星车太空探索记	2016.11.9	16	平装	彩色	6000/4138	36.00	（美）罗伯特·韦恩斯	洛斯阿拉莫斯国家实验室科学家，火星探测器好奇号的主要开发者。他曾在加州理工学院和加利福尼亚大学工作，负责开发美国航空航天局创世纪任务的三大工具		科普读物
9	大国速度：中国高铁崛起之路	2017.3.1	16	平装	彩色	50000/32638	42.00	高铁见闻	知名网络自媒体人，高铁科普作家，著有首部世界高铁发展史《高铁风云录》。活跃于微博、微信、今日头条等		纪实文学

基金资助的学术著作所承载传递的学术知识都是前沿性的,领先于所处的时代,作品屡屡收获国家科学技术进步奖、国家图书奖、“三个一百”原创出版工程奖、中国出版政府奖、解放军图书奖等重要奖项,成为国防工业出版社服务国家、服务军队、服务国防的品牌。

围绕新一代武器发展和装备建设需要,基金组织出版了《航天测控通信丛书》《近代空气动力学丛书》等图书;载人航天工程实施以来,资助出版了《载人航天器技术》《月球探测器轨道力学》等直接服务于载人航天工程的图书;为配合军事斗争准备和武器装备科研生产,资助了《弹道导弹与运载火箭总体设计》《多管火箭发射动力学仿真与试验测试方法》等以技术探索型号预研为主要内容的图书。这些图书一经出版,立刻被应用到我国国防工业建设和我军武器装备建设中,及时满足了国防科研第一线的科研和工程技术人员的需要。

4)上海科学技术出版社国防军事科普图书案例分析

《国之重器——舰船科普丛书》(共 20 个分册)作为上海科学技术出版社近年来为数不多的大型原创科普项目,在 2018 年顺利推进。该丛书出版任务难度大、时间紧,对整个编辑团队来说,从装帧设计到内容编写都是全新的挑战。为此,2018 年该编辑团队为本套丛书的推进和质量提升做了大量颇有成效的工作。截至 2019 年 12 月,20 个分册(《航空母舰》《两栖战舰》《驱逐舰》《护卫舰》《潜艇》《水雷战舰艇》《支援战舰》《电子侦察船》《公务执法船》《海洋科考船》《航天测量船》《干货船》《液化气船》《油船》《集装箱船》《海洋石油开发装备》《工程船》《挖泥船》《气垫船》《客船》)完成出版。项目 2017 年 8 月启动以来,召开了丛书编写会、推进会、审稿会、专题审稿会等多次封闭式会议;2018 年 6 月 23 日在北京举办了“书香少年中国”特别审读活动,9 月 17 日在上海举办专家委员会(潘镜芙院士参加),9 月 19 日在北京举办专家委员会(曾恒一院士参加)。为提高书稿质量促进项目进度,委员会撰写了约 100 份审稿意见,有效地促进了丛书推进，为本项目完成2019年申报各类基金评奖做了大量基础工作；组织部门团队、美编、发行部、市场部等同事共同研讨本项目20多次，精雕细琢，打造精品。仅第一分册《航空母舰》版式样就调整了6稿、封面做了9稿。同时，积极与作者单位通力合作，做好丛书的宣传，目前已在上海电视台、北京广播电台、《科普时报》《中国船舶报》等媒体进行集中宣传。

5）人民出版社《中小学生国防教育读本》案例分析

近些年，中小学国防教育教材版本众多，林林总总，五花八门，内容庞杂，架构不一，有的虽然不乏各地教育行政部门的支持推介，但内容缺乏系统性。2011年，中共中央国务院、中央军委下发了《关于加强新形势下国防教育工作的意见》，要求小学和中学要把国防教育列入教育教学计划，在活动课地方课程内安排国防教育内容，采取课堂教学和少年军校军事夏令营等课外活动相结合的办法，使学生掌握基本国防知识。2014年，经国务院中央军委批准，国家国防动员委员会印发了新修订的《全民国防教育大纲》，对学生的国防教育进行了规范，明确小学生的国防教育重点内容是国家领土及主权知识，国旗、国徽、国歌知识，党旗军旗知识等；初中生的国防教育基本内容是国防与战争常识、中国国防简史、人民军队的性质宗旨和优良传统等；高中要开展学生军事训练，并将军训成绩记入学生学籍档案。

针对以上问题，人民出版社根据国防部和教育部部署的全国中小学国防教育大纲要求，在国家国防教育办公室的支持下，委托全国国防科普作家协会组织国内顶级国防宣传教育机构的专家学者集体调研编撰打磨，于2019年8月至2020年3月，分批推出《中小学国防教育读本》（从小学一年级至初中三年级，各年级读本均分上下册，全套合计18本）。其特点如下：一是权威性。丛书是由人民出版社组织国内一流的国防宣传教育专家学者完全按照国防部和教育部颁布的中小学国防教育大纲编写而成的，具体负责统稿和编审的是起草

《全国国防教育大纲》和《中国国防白皮书》的顶级专家，他们的倾心投入和具体把关使这套读本具备了权威性。二是创新性。丛书内容始终突出新时代国防和军队建设的新思想、新理论、新观念、新知识。对于习近平总书记关于国防和军队建设的重要论述，对于国家总体安全观和新时代国家安全战略思想的解读，对于社会主义核心价值观中关于爱国拥军、尊崇英雄、尚武强军系列思想的阐发，对于祖国国土与海洋安全及相关意识的灌输，对于本次军改后形成的全国五大战区和六大兵种的武装力量新结构和保障新时代国家安全的科技强军新成果的介绍，都是首次列入本套读本的，因而具备目前市场上所有同类教材无可比拟的创新性。三是可读性。全书充分顾及“娃娃们”的认知特点和接受能力，既注重知识的形象性、人物的故事性和观点的渐进性，又防止“过度娱乐”，打上“应知应会”的知识烙印。在《大纲》规定的知识要点之外，各章节都配备了拓展课堂教学内容的“相关链接”“延伸阅读”“拓展选题”等，配置了众多生动形象的图片诗文和游戏，有利于课上、课下、网上、网下展开启发式的多样化的国防教育。四是系统性。全书依据义务教育阶段各年级学生的知识基础，有层次地配置了相应的国防知识教学要点；各层次内容通过分册间的“互相衔接”，形成中小学生国防知识结构的完整性、系统性，较好地体现了“循序渐进、螺旋上升地开设思想政治理论课”的基本要求。

（二）国防科普报刊的现状与特点

1. 发展概况

我国国防科普报刊在国防科普工作中发挥着重要作用，一些有重要影响的国防科普期刊，如号称“国防三大知识”的《航空知识》《兵器知识》《舰船知识》分别于1958年、1979年和1979年创刊，是我国第一代国防科普期刊。目前，国防科普期刊的数量已有大幅增长，新增了《军事世界》《现代军事》《现代兵器》《现代舰船》《航空世界》《太空探索》《坦克装甲车辆》等一大批国防科普期刊。这些期刊图文并茂、制作精良，受到广大读者的喜爱。与此同时，《解放军报》《科技日报》《环球时报》《参考消息》等大众所熟悉的报纸在各时期设计专栏进行国防科普。由科技日报社主办的《科普时报》这一全国第一份综合性的科普周报也在其中增加了国防科普相关内容。统计情况见表4。

国防科普杂志由于内容的特殊性，目前以军工企事业单位主办的形式为主，社会资本参与度较低。21世纪以来，国家不断重视国防建设，国防与军事内容和信息也越来越得到广大人民群众的关注。然而，随着新型媒体的涌现，国防科普杂志所依托的传统纸质出版物平台受到了较大冲击。相比新媒体平台（如微博、微信等），纸质出版物在内容时效性、信息量和阅读便利性等方面处于劣势，而在内容深度和准确性方面仍拥有传统优势。但这些优势也面临着被新媒体赶超的压力，更多的国防科普专家和专业人士转向新媒体平台，使杂志出版单位逐渐从传统的单一纸质出版方式转变为纸质出版与新媒体平台（电子版刊物）相结合。在获取途径方面，报刊亭零售购买和邮局订购仍然是读者获取杂志的主要渠道。但在有些城市，随着城市建设，报刊亭等零售网点被大量取消，使读者获取杂志的渠道变窄。

以目前在市场上有较大影响的10种国防科普期刊为调查对象，通过对其2000年、2008年、2018年刊登的内容构成的比较分析（表5、表6、表7，图11、图12、图13），发现近年来国内主要国防科普期刊以技术类文章居多，其次（依次递减）为故事类、时事分析类、资讯类、读者交流类等。经过近几年的发展，技术类文章依然居多，只是比例下降了15.4%。而随着人们对信息需求量的增大及不断升温的市场竞争，资讯类内容和读者交流类内容比例有显著提升，分别增长了11.3%和6.3%，时事分析类内容略有上升。

表 4 国防科普主要期刊统计表

序号	期刊名称	主管单位	主办单位	刊期
1	世界军事	新华社解放军分社	新华社	月刊
2	兵器知识	中国科学技术协会	中国兵工学会	月刊
3	兵器	中国兵器工业集团公司	中国兵器科学研究院	月刊
4	现代兵器	中国兵器工业集团公司	中国兵器工业集团第二一〇研究所	月刊
5	坦克装甲车辆	中国兵器工业集团公司	坦克专业情报网中国北方车辆研究所	月刊
6	轻兵器	中国兵器装备集团公司	中国兵器装备研究所	半月刊
7	舰船知识	中国船舶集团有限公司	中国造船工程学会 中国船舶工业综合技术经济研究院	月刊
8	舰载武器	中国船舶集团有限公司	郑州机电工程研究所	月刊
9	现代舰船	中国船舶集团有限公司	中国船舶信息中心	半月刊
10	航空知识	中国科学技术协会	中国航空学会	月刊
11	航空世界	中国航空工业集团公司	中国航空信息中心	月刊
12	航空模型	中国科协	中国航空学会中国航空运动协会	双月刊
13	太空探索	中国科协	中国宇航协会	月刊
14	军事史林	中国人民革命军事博物馆	中国人民革命军事博物馆	月刊
15	环球军事	解放军报社	解放军报社	月刊
16	现代军事	—	中国国防科技信息中心	月刊

表 5 抽样调查 2000 年国防科普期刊内容分布表

期刊名称	故事类篇数	技术类篇数	时事分析类篇数	资讯类篇数	读者交流类篇数	其他篇数
舰船知识	4	8	3	1	0	2
航空知识	5	9	2	1	0	2
兵器知识	2	9	1	1	1	1

续表

期刊名称	故事类篇数	技术类篇数	时事分析类篇数	资讯类篇数	读者交流类篇数	其他篇数
现代舰船	2	8	3	1	1	3
轻兵器	2	13	2	0	0	1
现代军事	8	12	1	1	0	3
现代兵器	3	10	4	1	1	0
国防科技	0	7	3	2	0	4
海军装备	2	10	2	0	0	7
坦克装甲车辆	3	9	2	1	0	0
合计	31	95	23	9	3	23
比例	16. 8%	51. 6%	12. 6%	4. 9%	1. 6%	12. 5%

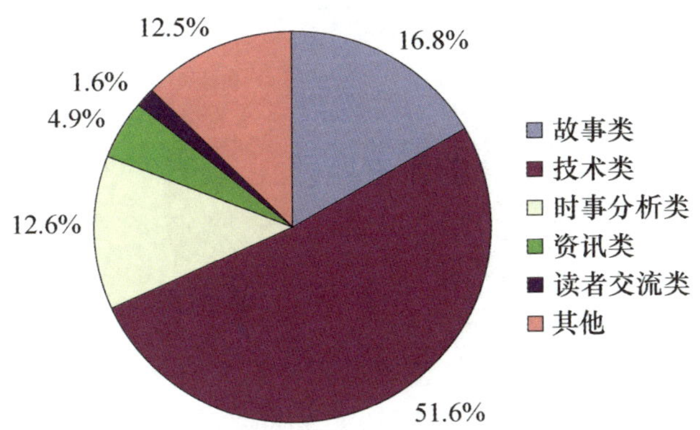

图 11　2000 年国防科普期刊内容分布图

表 6　抽样调查 2008 年国防科普期刊内容分布表

期刊名称	故事类篇数	技术类篇数	时事分析类篇数	资讯类篇数	读者交流类篇数	其他篇数
舰船知识	4	8	8	4	2	2
航空知识	5	4	3	3	4	1
兵器知识	4	4	3	1	1	2
现代舰船	2	2	1	2	0	0
轻兵器	2	6	2	0	3	1

续表

期刊名称	故事类篇数	技术类篇数	时事分析类篇数	资讯类篇数	读者交流类篇数	其他篇数
现代军事	1	4	3	1	1	1
现代兵器	4	2	1	1	0	0
国防科技	0	4	15	0	0	0
海军装备	0	23	5	1	0	2
坦克装甲车辆	3	5	2	1	2	0
合计	25	62	43	14	13	9
比例	15.06%	37.35%	25.90%	8.43%	7.83%	5.42%

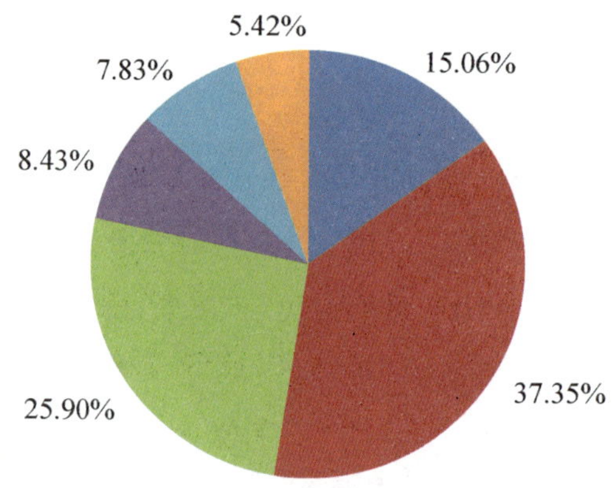

图 12　2008 年国防科普期刊内容分布图

表 7　抽样调查 2018 年国防科普期刊内容分布表

期刊名称	故事类篇数	技术类篇数	时事分析类篇数	资讯类篇数	读者交流类篇数	其他篇数
舰船知识	4	5	2	1	1	0
航空知识	6	3	7	1	0	1
兵器知识	2	9	3	2	1	0
现代舰船	8	0	0	1	1	1
轻兵器	6	5	0	1	2	1

续表

期刊名称	故事类篇数	技术类篇数	时事分析类篇数	资讯类篇数	读者交流类篇数	其他篇数
现代军事	0	0	0	0	0	0
现代兵器	3	7	2	1	0	0
国防科技	0	14	10	0	0	0
海军装备	0	8	23	1	0	0
坦克装甲车辆	2	7	0	2	0	0
合计	31	58	47	10	5	3
比例	20. 13%	37. 66%	30. 52%	6. 49%	3. 25%	1. 95%

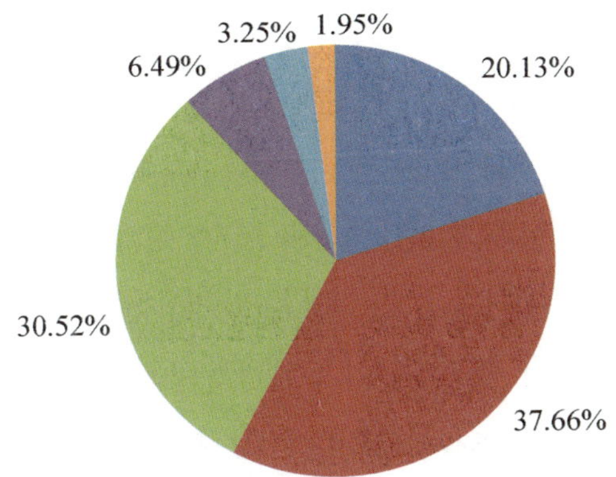

图 13　2018 年国防科普期刊内容分布图

2. 我国国防科普报刊传播特点

1)受众年龄结构呈不断上升趋势

与以前科普杂志主要面向中小学生的情况不同,目前国防科普杂志的受众年龄呈现整体上升趋势,30~40 岁为阅读此类杂志人数最多的年龄段。主要有以下两方面因素:首先,科普杂志内容呈现专业化和深度化特征,年龄偏低的学生群体在理解上会有一定困难;其次,40 岁以上人群的阅读习惯仍为纸质媒介,对杂志的接受度更高,而 20 岁以下学生人群的阅读习惯已偏向电子化,对纸质媒介的接受度逐渐下降。

2)内容专业化

网络便捷和快速传播的特点使人们可以更加方便地获取信息,而杂志出版则有着明确的时间节点,时效性欠佳的纸质媒介只得在内容深度和权威性方面发挥特长,不断增加文章的专业性,满足中高层次军事爱好者对内容的需求。这就造成纸媒平台在培养爱好者特别是年龄较小的学生读者方面不具备优势。为应对这一问题,多数杂志采取的方法是开通新媒体平台,推送专业性低于纸质媒介的内容,或重新打造专门面向青少年的国防科普杂志品牌和新媒体平台。

3)关注我国国防建设

近年来,我国国防建设成就有目共睹,成为国防科普杂志发展的新契机。国防建设和装备发展是读者最为关注的内容,杂志的报道重心也已从介绍国外国防力量建设转到国内国防建设领域。同时,内容的需求也促进了媒体与各专业研究院所和生产企业更为密切的合作,使文章在专业性和权威性上得到了保证。

第二节 国防科普广电媒体传播概况

(一)发展概况

广播电视作为一种重要的信息传播渠道,有其他媒体无法比拟的优势。近年来,各电视台和影视节目制作团体纷纷在科普方面投入力量,部分电视节目和影视作品在社会上引发良好反响和关注。但是相对于国外同类作品,国内的广播电视科普作用发挥并不明显,国防军事相关科普水平仍有差距。

电影电视是最早以视频图像方式传播的媒体,通过视频展示科普内容具有天然的直观性，远比文字更容易令人理解和接受。美国在第二次世界大战中就通过迪斯尼公司，以卡通电影轻松幽默的方式向士兵科普对空射击、投弹等战斗技巧。新中国成立初期，曾经脍炙人口的《地道战》《地雷战》等一系列影片也带有国防军事科普作用。至今，国内外一些优秀军事题材影视作品所体现的细节仍然可以向观众展示装备技术战术等国防军事知识。在电视普及后，由于相比电影拥有新闻实时性、观看成本低等更多便利条件，容易拥有更大受众范围，并已经深度融入生活，因此比传统电影院更适合作为国防科普平台。当前，以军事历史、装备技术为主要内容的一批电视栏目和纪录片都已经拥有了比较稳固的观众群体。尤其对青少年而言，这些节目成为他们选择学习国防相关知识、从事相关工作的启蒙途径。

然而与传播广度并不匹配的是，虽然广播电视发挥科普作用时日已久，但是国防科普效果却一直无法与其他渠道相比。从内容制作水平看，由于受到制作能力不成熟等限制，国内军事电视节目中来自国外的编译作品一直占据较高比例，如“探索频道”等著名专业科普电视媒体的科普作品中涉及军事的不在少数，这些作品中一部分也被引进国内编译播出，并且占据了几乎全部军事科普纪录片市场。国内原创的国防军事类电视节目包括电影、电视剧、纪录片和各电视台的谈话类节目，除部分谈话类节目外，科普色彩均不浓厚，尤其在军事题材电影、电视剧中普遍存在明显低级错误，被观众戏称为“神剧”。究其原因，首先是编创队伍大多缺乏必要的专业知识。其次，即使是一些央视和地方卫视制作的谈话节目，也会因涉及敏感信息而不能全面透彻阐述或因专业性太强而出现概念不清的现象。这些错误一旦被当作正确知识接受，将给国防科普和军队形象带来负面影响。再次，广播电视受众本身也对节目制作产生影响。由于国内广播电视娱乐定位过重，所以相比书刊等媒体的受众，部分广播电视的听众、观众很大程度上并没有意识到科普和学习的价值，而是带有不求甚解，只求谈资的心态，把军事影视“娱乐化”，导致节目的科普效果“重普轻科”，甚至出现错误。

整体而言，广播电视作为国防科普平台至今仍有很大的先天优势可以进一步发挥。而要有效利用这个渠道，一方面需提高编创人员的相关素质，丰富其知识储备；另一方面也需提倡专业媒体与国防军事领域合作，专业分工把关。同时，对广播电视作品应当形成一套节目审核机制，确保国防军事科普工作始终运行在科学轨道上，充分发挥广播电视节目优势，让国防科普“既科又普”。

与此同时，我国的国防科普中还有一批声像、展览、展示工作者，也取得了影响力较大、传播效果较好的成绩。其中，国防科技声像工作始于国外科技电影的译制剪辑和播映，如苏联科技故事影片《驯火记》，1978 年在中共中央政治局研究落实知识分子政策的会议上放映，并面向广大科技人员播映。《东方巨响》《飞向太平洋》等片是展现我国科技工作的典型代表。成立于 1992 年的国防科技声像服务中心，是国防科技声像工作在不断改革和发展中，军内外科技声像单位共同探索、逐步形成的，是开展联合科技声像服务的工作联合体。国防科技声像队伍是一个具有优良传统的团队，来自军地双方的科技声像单位，团结协作、联合作战、统一协调，形成了一个高效的国防科技声像协同工作体系，也带动了科技声像工作的全面发展。服务中心成员单位专业领域不同、管理体制各异，既要搞好军民融合，又要搞好诸兵种协同。长期以来，国防科技声像服务中心以共同的事业凝聚人，广大科技声像人发扬团结协作、敢打硬仗、无私奉献的团队精神，在高科技知识普及方面取得显著成绩。大家共同编制的《信息战冲击波》《世纪兵戈》《飞天之路》三部声像作品连续三年获国家科技进步二等奖。

(二)CCTV 兵器科技频道

1. CCTV 原国防军事频道简介

CCTV 数字付费频道(原国防军事频道)隶属于中央电视台,以传播国防知识为主,是集专业、权威、知识、互动、可视为一体的专业性服务频道,于 2019 年 8 月 1 日更名为兵器科技频道。原国防军事频道于 2006 年 5 月正式开播,是我国数字电视产业发展初期建立的一个专业化数字电视频道,以电视节目的形式传播国防知识,向受众介绍武器装备、科技知识、军事文化历史、国际时政背景等,也是全国唯一针对国防军事爱好者的国防军事类专业电视频道。在行业资源、频道资源方面的独家拥有,使其在市场中长期占据垄断地位。频道创立之初有栏目 6 档,从早上 8 点 05 分到次日凌晨 1 点 20 分播出军事类节目,频道定位精准,收视人群相对固定。

2. CCTV 原国防军事频道近十年发展概况

CCTV 原国防军事频道是数字频道和付费频道两个概念的结合。从技术手段上来讲,数字付费频道采用数字技术进行采集、制作和传输,保证了较高的声画质量;从宣传模式看,目前对外宣传网络已经覆盖 18 家杂志媒体,以及央视国际网和中国电视网、优酷、爱奇艺、腾讯、今日头条等多个网络平台;从盈利模式来看,数字付费频道的收入不是来自广告,而是观众订阅频道的收视费。原国防军事频道成立之初就确立了“单频道销售”的整体发展战略,即不与央视数字平台上的其他频道一起进行捆绑销售,用户收看节目需要单独按月购买该频道的节目,不仅树立了频道专业、权威、高端的品牌形象,更使频道有了明确的受众定位,高质量的节目是付费频道的生命。这种运营策略虽然不会受到其他频道经营的拖累,但却风险极大。原国防军事频道成立之初一直处于亏损状态,直到 2010 年才实现扭亏为盈。目前,频道已实现每年都处于盈利状态,这在全国现存的 100 多个付费电视频道中也算是凤毛麟角。

近年来,原国防军事频道特别是现兵器科技频道紧随网络视频发展,进入短视频领域,将长期发展积攒的资源进行数字化再创作,拓展新媒体领域的可能性。新媒体短视频相较于其他新媒体创业项目来讲,更适合电视人来做。传统电视具有精制作、节目化、线性传播的特点,与短视频门槛低、时长短、碎片化、交互传播的特点具有很强的互补性。在内容创作方面,原国防军事频道逐渐打破条块分割的局面,学习互联网理念,将视频内容集中调度,再分别发至各不同播出平台。根据微博、腾讯、爱奇艺、今日头条等不同平台受众群体的心理需求,创作用户更愿意接受的内容。频道各栏目组除了将原有资料库的节目进行精选再创作之外,所有编导都参与进行短视频原创制作。短视频的运作和经营、网络媒体推广,充分利用了现有节目资源,通过改编、翻新、使现有节目资源利用最大化,提升了原国防军事频道品牌形象,扩大了频道影响力,打造了频道公信力。此外,通过各大网络平台的节目播出,获取相关大数据分析,而直观的网络大数据分析对于今后频道制作出更多观众喜爱的节目、栏目改版乃至频道销售都能提供真实直观的数据支持。

3. CCTV 兵器科技频道的传播方式

1)地网

在数字付费时代,频道作为一种资源、一种产品、一种品牌的特性被放大和突出,频道也成为一种商品,观众可以在各种各样的频道海洋中挑选自己喜欢的频道购买和收看,所以频道的定位一直是内容为王、专业窄播。付费频道的特点是“主题化”,主题是付费频道成功与否的重要因素。原国防军事频道正是符合了国防军事这个主题内容,频道采用数字技术进行采集、制作和传输,不再是针对“大众”的免费大餐,而是“小众”的付费小灶。一直以来,频道的主要销售渠道是各省市的地网，用户通过向地网购买军事频道的节目进行收看。目前，频道的节目已覆盖全国所有主要城市，有比较稳定的收视群体，许多受众群体都是“铁杆粉”。这种通过地网的传播方式基本都是频道单向输出，受众群体被动接受的过程。随着受众群体收视行为的习惯发生变化，这种播出方式已不能满足受众的观看需求。对此，原国防军事频道已开始转型。

2）新媒体平台

在新媒体背景下，频道与观众之间不再是“播与收”的关系，节目频道也不仅仅是信息发布的平台，更应当是特定受众群的社区，即建立一个空间，充分利用网络和移动等多种平台实现频道与观众之间的互动，增加“频道社区”的凝聚力。近几年，知识付费已越来越为受众所接受，专题电视节目、网络媒体以及自媒体的自主栏目急速发展使得人们看到内容的力量。其中，知识类内容、垂直类内容更受观众青睐，内容制作精品化趋势也愈加明显，对于原国防军事频道这种国内唯一针对国防军事爱好者、以传播国防知识为主的服务性专业频道来说，无疑是进入了另一个春天。

3）节目开发与互联网视频平台的合作

原国防军事频道已经开展与互联网视频平台的合作，实行点击分账合作方式或进行台网联动：定制内容开发，售卖先行。这样一方面满足了播放需求，另一方面也扩大了频道在电视市场的影响力，更有可能在资本市场获得一些可能性。以原国防军事频道自制专题栏目《战争谜中谜》为例：频道可以与优酷、爱奇艺等网络媒体合作，将该栏目制作的优秀节目交由网站播出。网站会进行节目评级，并根据评级给予频道资源位，如将节目推到 PC 端、移动端的首页，推到网站军事频道的二级页面，并给予“大图位”或滚动循环播放小视频。这样的合作模式使频道可以与网站点击分账，更重要的是此种合作方式起到了“导流”效果，满足了频道提高知名度以及影响力的核心诉求。

4)开发与短视频网站合作,将“小众”内容收视群扩大

在当下短视频风行的时代,“今日头条”等短视频 APP 骤然崛起,他们的用户点击量之大已经远远超出了网站的日常点击量。短视频的出现满足了人们碎片化的收视习惯,3~5 分钟的小视频,不受场合、地域、时间的限制,可随时观看。因此,军事频道可以与这些短视频网站合作,将日常节目中的小栏目,如《武器欣赏》《军史上的今天》,以及频道节目的宣传片等放到此类网站上播出,网站的后台运营部门会将视频推荐到首页,并使用他们的“信息流”广告为频道进行推广。与其他网站不同的是,这些短视频网站可以根据受众的收视喜好和观看内容自动推荐相对应的视频。这样一来,频道就可以牢牢抓住“军迷”的关注度,在宣传频道节目的同时,扩大频道的影响力,并同步为频道近期播出的节目做线下宣传。

5)与直播平台合作,开发直播内容

因直播平台有着非常庞大的用户基础,因此频道可以选择与“映客”“花椒”直播平台合作,实行定期直播。以《大家谈》为例,频道可以以两周为周期,就近期的热点军事话题进行一次直播,请军事专家在线为网友解答问题并进行互动,直播结束后将节目剪辑成 TV 版在电视上播出。这样,一方面对频道节目以及所属栏目起到了非常好的宣传效果,可提高频道的影响力,获得“导流效果”;另一方面也有助于培养频道自己的 KOL,还可靠“打赏”为频道和公司创收。

6)加强微博与微信公众号的开发与维护

微博、微信标志着一种新的传播模式的兴起,所以原国防军事频道可充分利用“双微”的网络优势,定期举办一些有奖征集竞猜调查等活动,增加“圈粉”能力。定期将重点节目推荐和节目播出内容通过公众号呈现给观众和“军迷”,并阶段性地就近期比较热门或者有槽点的军事话题邀请网友参与,一方面可以提升网友对频道的关注

度;另一方面也给频道各栏目在选题的选取上提供一些新的想法和思路。每个月频道的主推节目不仅会在电视以及“双微”上同时宣传,还不时地发一些与此节目有关的幕后制作小视频来增加粉丝量,提升观众及“军迷”的兴趣,提高频道知名度和收视率。

4. CCTV 兵器科技频道的传播特点

经历十多年的发展,如今的兵器科技频道已经形成了庞大的军事资源库,包括资深的专家队伍、专业的军事类节目制作团队以及固定的受众群体,在专业付费频道领域名列前茅。

专家权威:频道开播以来,积累了庞大的专业资深团队资源,其中包括装备发展部、国防科工局系统、国防大学、军事科学院、中国社会科学院等各个军事及国际时政研究领域的专业人士以及 18 家国防军事杂志等专业媒体人员,这些最具权威的专家队伍已成为频道的专业化支持团队。

独家资源:兵器科技频道作为国内唯一专业的国防军事类节目播出频道,拥有一批既懂军事专业知识又精于电视节目制作的高素质电视专业人才,这是兵器科技频道最宝贵的财富。团队人员经过十余年的努力,积累了一大批珍贵且丰富的军事视频资料等,这些独有人员及视频资源成为最有力的竞争优势。

内容全面:兵器科技频道播出的节目内容覆盖面之广是目前其他军事类节目制作团队和播出平台所不能比拟的,兵器科技频道围绕“国防军事”各个领域,针对不同层次的粉丝群体设置了多款形态各异的电视节目,包括军事热点分析、中外名将风采赏析、经典战例揭秘、装备科技传播、国防知识普及、战争真实记录、影剧背景解析等。

5. 代表性节目介绍

经过多年的经营,兵器科技频道已积聚了一大批珍贵的军事资料库和自制节目内容,形成了具有极高辨识度和极具吸引力的风格特色,走出了不同于任何其他频道的特色发展道路(图 14)。

《大家谈》是频道强档推出的“军事聊天室”类栏目。从频道建设之初,至今已播出十年多,一直受到广大“军迷”的喜爱。本栏目由著名国防军事专家通过谈话交流形式,从观众关心的话题出发漫谈国际军情,在观点的碰撞中交换独家视角。内容包括军事热点分析、武器装备点评,话题紧随全球军事脉络而动,跨越国际关系、武器装备、战略战术等国防热点领域,播出时长为 50 分钟,到目前为止共制作节目 300 多期。

《战争谜中谜》是央视数字原国防军事频道推出的一档解密战争的专题栏目,该栏目十年间共制作节目 549 期。栏目呈现最清晰的战争场面、挖掘最真实的战争资料、提供最权威的专家解析、揭示军情内幕、解析战场疑云,为广大观众更多地展现出各个经典战役中鲜为人知的一面。

《影视背景》于 2006 年 5 月在原国防军事频道开播,为观众精心挑选了国内外著名的战争电影及电视剧,聘请国内著名专家解析历史、点评剧情,并按照不同的地域、国别、时代、流派及风格轮番播出,让观众们通过本栏目了解各国人民在不同时期与不同社会背景下对战争的看法以及在战火洗礼中人民的喜怒哀乐、悲欢离合。《影视背景》共制作节目 261 期,每期通过 120 分钟的战争电影或战争电视连续剧及专家点评国内外优秀军事题材影视剧的真实军事背景,让观众在欣赏战争影视剧的同时了解影视剧背后的历史故事。

《装备时空》栏目讲述海、陆、空、天、电等各种武器装备的历史现状及未来发展方向。该栏目共制作节目 327 期,是一档普及现代武器装备知识、全面系统地展示武器装备在战场上的应用以及其高科技技术含量威力的军事类栏目。栏目集知识性、权威性、故事性于一体。受众群体主要是武器装备的发烧友。深度解读高新科技、趣谈这些武器背后的故事,足以满足“军迷”的胃口,同时达到传播军事科学知识的目的。

《军事全记录》是原国防军事频道引进外国优秀军事题材纪录片,通过专业剪辑再展现给受众的一档栏目,共制作节目约360期。栏目特点:①视野开阔,搜集美国、英国、法国等主流纪录片团队的军事历史及武器纪录片;②同一历史事件以客观角度播放不同参与国家的纪录片,如第二次世界大战纪录片既有美国探索频道的相关纪录片,也有苏联、法国的相关纪录片,从不同角度理解历史;③部分英语纪录片保持原有配音加字幕的方式,使得原有纪录片语言风格完整保留,也迎合一部分高知军事迷需求。

《专家在线》栏目曾是原国防军事频道推出的一档真实在线、同步互动的聊天室类型栏目,内容锁定武器装备,由权威的专家结合军事热点分析中外各类武器装备的研制背景、技术性能、作战使用、历史故事、战绩与趣闻等,并回答网友在线提出的相关问题。栏目于2006年5月8日正式开播,常设嘉宾近20人,曾创收视率最高,于2012年12月最后一期制作完成,后因经费等原因停播,共录制播出节目247期。

节目名称	节目特点
《战争谜中谜》	自制揭秘类纪录片
《装备时空》	全面系统展示武器装备知识的专题片
《大家谈》	自制聊天室类栏目,网友同步互动,军迷激情参与
《专家在线》	自制聊天室类栏目,网友同步互动,专家在线解惑
《军事全纪录》	引进国内外优秀军事题材纪录片
《影视背景》	著名专家解析历史、点评国内外优秀军事题材影视剧

图14 CCTV原国防军事频道节目名称特点示意图

除了上述节目外,频道还有滚动播出的《金色留声》《历史上的今天》《兵书战策》和《武器欣赏》等短视频节目。其中,《武器欣赏》是一个全面介绍武器知识的军事栏目,利用电视特技技术,详细解读了古代冷兵器、火器时代的兵器、现代战争中的常规武器、日新月异的新式武器等，几乎囊括了人类历史上所有的武器种类。栏目比较全面、完整、系统地介绍了轻武器、火炮、装甲车辆、导弹、战斗舰艇、作战飞机、武装直升机、化学武器、生物武器、燃烧武器、核武器、新概念武器、地雷等600余种当今世界现役的主流武器与曾经辉煌无限的老一代王牌武器。除了科普武器知识概念外，精彩的画面剪辑也颇受“军迷”的喜爱。

第三节 国防科普新媒体中网络传播概况

（一）国防科普网络传播发展概况

1. 国防科普网络传播起源

利用互联网传播国防科普知识起源于20世纪90年代末早期军事论坛的出现，典型事件是《舰船知识》网络版论坛的建立，也是“军事科普”互联网早期最具影响力的起源；军事论坛与科普杂志的纸质版刊物形成互动，培养出大批民间“军迷”，部分论坛会员已经成长为当前国防科普（又称“国防军事科普”）的骨干力量。但受限于当时的网络技术和网络用户总量，论坛访问速度低，用户数量较少。尽管如此，论坛的专业性和学术性并未受影响，甚至高于后来出现的绝大多数类似论坛。相当一批用户现在仍活跃于期刊、电视、广播等各个媒体，发挥国防军事科普的作用。在舰船知识论坛建立初期，专家和民间“军迷”之间消除了身份差别、跨越了地域限制，以平等的身份围绕一些重要话题进行持久而深入的讨论。影响力最大的是关于中国海军是否需要航母，以及各兵种发展优先顺序展开的论战，由于争议重点在于航母和潜艇的发展优先级，这场论战被称为“潜航大战”，其影响以及与之相关的其他争议一直持续至今。军事论坛以极强的互动性，在很大程度上改变了网络用户获取国防军事信息的渠道，是网络国防科普中至关重要的方式。

2. 国防科普网络传播的"爆发期"

2000 年前后,国防科普网络传播开始进入"爆发期",各种科普形式逐渐出现,其标志是"9·11"事件的爆发。随着"9·11"事件和阿富汗战争、伊拉克战争的发生,大量网络用户被吸引到军事和国防安全话题上,从而壮大了军事爱好者这个群体,也培养出大量的中国"军迷"。仅"9·11"事件发生当天,新浪网一家的访问量就达到 1700 万,超过其他门户网站访问量的总和。广大公众对获取军事知识和关心国防安全的巨大需求以及当时网络技术传播渠道的不足,促进了网络军事论坛的快速发展,并在其后诞生了超级大本营、铁血、飞扬军事、鼎盛等一批有影响力的军事论坛,这些论坛在舰船知识论坛衰落后成为网络军事论坛的主力,并承接了舰船知识论坛的主力会员。在国防军事论坛取得发展的同时,也使更多有兴趣和能力从事国防军事科普的人员获得展示渠道,培养了一支高质量的国防军事科普人才队伍,也为同时期国防军事科普期刊补充了新鲜的作者群。

除了军事论坛的发展,大批商业网站也将军事作为热门信息,设立专栏向访问者提供军事相关信息。据中国互联网络信息中心统计数据显示,此类商业网站的数量在 2003 年为 976 个,占比 2%,2004 年跃升为 3812 个,占比 5%。在提供军事信息的商业网站中,浏览量较大的包括腾讯、新浪、环球、网易、搜狐在内的国内各大主流门户网站的军事频道,这些网站一方面纷纷开设军事或国防板块(表 8),开始以频道的方式运营;另一方面重视军事题材的记者采编,加大对军事题材的投入力度,包括设立专门的服务器运营团队和流量入口。相对于传统的军事新闻报道,频道的运营模式在规模质量和投入上是质的提升。以环球网为例,根据 Alexa2019 年网站排名,环球网的日均 PV 浏览量约为 3888 万,其军事频道的近月网站访问比例为 9.78%,在 57 个下属站点中排位第 16 位,近月页面访问比例为 1.1%,人均页面浏览量为 2.47。可以看出,门户网站的军事频道拥有极大的用户点击量和关注度,对公众具有较强的吸引力,成为公众获取国防科普信息的重要渠道。

表 8 门户网站军事频道设置情况

门户网站	军事频道	科普主题频道
新浪 (http://www.sina.com.cn)	新浪军事 (http://mil.news.sina.com.cn)	新浪科技 (http://tech.sina.com.cn)
网易 (http://www.163.com)	网易军事 (http://war.163.com)	网易科技 (http://tech.163.com)
腾讯 (http://www.qq.com)	军事频道 (http://new.qq.com/ch/milite)	科普频道+科技频道 (http://kepu.qq.com) (http://tech.qq.com)
搜狐 (http://www.sohu.com)	搜狐军事 (http://mil.sohu.com)	搜狐科技 (http://it.sohu.com)

除各大门户网站之外,国家、地方和民间等各个层面逐渐出现大量综合性、专业性的垂直类科普网站,汇聚优质科普资源,丰富科普传播形式,为公众提供方便快捷的科普服务,成为一种新的科普网站形式。2016 年全国科普统计数据显示公众通过传统媒体获取知识的比例降低。截至 2015 年年底,我国共建成科普网站 3062 个,比 2014 年增加 410 个。2018 年 7 月在百度搜索"科普网站",相关网页达到 1790 万个。科普网站通过发布信息,制作专题,提供科普资料、图片、视频,利用科普论坛、科普游戏、科技人物访谈、网络虚拟博物馆等方式,向公众提供系统的科技知识,开展科普服务,满足人们逐渐提升的科普信息需求,取得了较快的发展。由中国科协主办的"科普中国"成为最具代表性的科普网站之一,自上线试运行以来,至今已有 24 个科普频道,向全社会提供科学、权威、准确的科普信息内容和相关资讯,其网站访问量持续增长。军事或航空航天等国防科普内容是

各大科普网站内容的重要组成部分，如果壳网科学人板块中的航空航天专栏、科普中国的军事板块等，这些专业科普网站所提供的丰富的国防科普资源一定程度上促进了网络国防科普的繁荣发展。

3. 自媒体时代的全面“成长期”

终端的移动化、互联网服务提供商的移动化使得人们的信息传播和获取行为发生了重大转变，信息资源只掌握在少数传播机构手中的时代已成为历史，每个人都是信息传播的中心，逐渐进入自媒体时代。传统媒体存在信息更新速度慢、视角单一、内容重复率高等问题，已不能满足受众多样化的需求，受众需要更多深度、广度、维度、高度的信息。而自媒体的出现，使信息传播突破了传统媒介的限制，打破了传播渠道单一的局面，促进了知识传播的融合生产模式。在微博、微信公众号、头条号等自媒体平台开始出现大量国防军事类自媒体账号，有超量级的用户在发布军事信息，大量涌入的作者中既包括政府、部队等官方账号，也有媒体、企业、个人账号，参与的人员数量多，其覆盖面和影响力巨大，国防科普借助自媒体发展已经成为一种显著趋势。

国防军事自媒体从初创阶段至今，对受众影响力呈飞跃式增长。通过清博大数据进行微信公众号信息采集，以“军事”为关键词搜索到 617 条数据，以“国防”为关键词搜索到 486 条数据，还有大量的公众号虽不包含这些关键词，但内容涉及国防科普。此外，军队也在自媒体平台建立众多账号，利用自媒体优势覆盖广泛的人群。以头条号为例，军事类自媒体长期占据头条账号榜 TOP10 的半数席位以上。在大鱼号军事领域意见领袖榜中，军事类自媒体的账号影响力、粉丝数量、点赞、分享、收藏参与度均表现强劲，带流量能力很强，部分活跃的军事类公众号粉丝数量达 100 万以上。

当前，微博微信公众号是发展最快、最具代表性的军事类自媒体。微博作为自媒体时代的代表产物，具有便捷性、及时性、交互性等优点，已成为人们获取信息的重要渠道。截至 2018 年 3 月，微博月活跃用户数4.11亿。各军事媒体企业个人纷纷开通微博，成为国内外媒体和民众了解中国国防和军队建设发展的重要窗口。部分军事大V拥有近千万级的粉丝数量，其社会影响力巨大，成为国防科普的一支重要力量。军事微博的传播形式主要以文字+图片、文字+视频和文字+链接为主，内容相对简短，便于第一时间进行传播和分享，拉近了用户与军事的距离，但传递信息量少，缺乏有深度的国防科普内容。

微信公众号作为当下较为热门的自媒体平台之一，已成为现代信息传播的重要渠道。据统计，截至2017年底，微信公众号月活跃账号数突破350万，公众号月活跃粉丝数近8亿，较2016年增长19%。与此同时，军事类微信公众号也呈蓬勃发展之势。微信公众号在科普中的最大优势是信息的有效抵达率高，用户根据自身的需要，订阅自己感兴趣的微信公众号，军事类微信公众号的用户一般较为关注国防和军事，通过精准化推送的国防科普文章更能引起用户的关注。在表现形式上，并非将纸质媒体整篇推送，而是充分融合多媒体的优势，多以文字加动态图片或文字加短视频的方式为主，符合微信用户碎片化阅读的需求。在内容上，优秀的军事类微信公众号更加注重内容的质量，注重内容的生产创作，依靠内容支撑，吸引粉丝的持续关注。

（二）国防科普网络传播现状

除了互联网技术和受众需求的双重驱动外，国家对互联网国防科普的重视也推动了网络国防科普的繁荣发展。《“十三五”国家科普与创新文化建设规划》中明确提出，大力推进新媒体、自媒体等“互联网+科普”新技术、新形式的运用，拓展科学技术普及速度、广度、深度，满足社会、公众对相关知识的迫切需求，并提出加强国防科普能力建设，普及国防科技知识，提高国防观念和科学素质，更好地为国防和军队现代化建设服务。当前，我国的互联网在整体环境和应用普及方面取得长足进步，网民数量规模巨大且每年仍不断增加，为网络国防科普提供了发展环境。据 CNNIC 第 42 次《中国互联网络发展状况统计报告》的数据显示,截至 2018 年 6 月,中国网民规模达到 8.02 亿,互联网普及率为 57.7%。同时,第九次中国公民科学素质调查显示,在具备科学素质的公民中,高达 91.2%的公民通过互联网或移动互联网获取科技信息,互联网已成为具备科学素质公民获取科技信息的第一渠道。

1. 传播方式多样

网络国防科普的背景是互联网技术以多种方式对人们日常学习工作和生活的深度介入。据 Kantar Media CIC 的调查结果显示,我国的网络媒体一直以独特、多样、多变的形态,在不断地发展和变化,从媒体平台的运营方式可以分为用户创作内容(UCC)、平台功能支撑(Function)以及融合模式(UCC+Function+KOL),如图 15 所示。

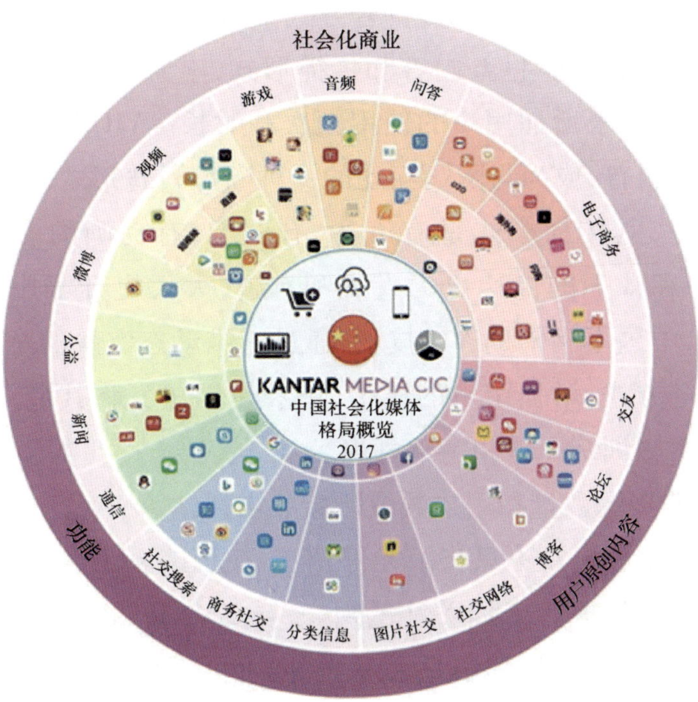

图 15　中国社会化媒体格局概览 2017

我国网络媒体的繁荣发展也使网络科普传播形式的多样化得以实现。中国科协的一项调查显示,我国的网络科普由游戏、微博、微信、在线教育、科普网站、抖音、快手等 26 个类别组成,各种传播形式多种多样、层出不穷。按照不同维度对网络国防科普进行分类,从科普终端维度可以分为 PC 端和移动端;从传播形式的特点可以分为资讯类(腾讯新闻客户端、科普中国、果壳、头条、网易等)、社交类(微信公众号、微博、论坛、贴吧、问答、直播平台等)、工具类(嵌入资讯模块的浏览器)、娱乐类产品(科普游戏、H5 等)。2019 年,针对"快手"调查,科普短视频内容已超过 360 万条,活跃在快手的人数超过 1.6 亿,上传的视频量每天在 1500 万条以上,每个客户超过 70 分钟/天,达 80 亿次播放,其中国防科普内容出现上升趋势。

云计算、数据挖掘等现代信息技术的应用,使泛在、精准、垂直、交互式的网络科普成为现实,科普方式不断创新,部分网络媒体平台增强参与、互动、体验科普内容和传播形式,丰富平台功能来提升用户的体验,以此来增加用户的使用频次和时长。VRARMR 技术逐渐应用于网络科普,成为与网民互动的一种新型科普形式。VR 带来的是动态信息,其传播模式是有声音、有图像、有动画的多维立体模式,对信息和知识的传达更为直观和有趣,大大提升了用户的体验感。例如,中国军网借助 VR 技术,通过三维动态实景的全景视频和全景图片等方式,增强用户的科学体验,使用户身临其境,立体化展现我军官兵的训练风采和精神风貌。

2. 科普资源数量和用户数量呈指数增长

现代社会中公众不只将眼光停留在衣食住行上,各类事件、事物及其背后的分析成为人们关注的对象,导致公众的科普需求大幅增长,伴随网络时代产生的信息大爆炸,进入科普系统的信息总量呈几何量级增加。各类科普网站和自媒体平台的科普信息及网络科普资源不断丰富,满足了人们逐渐提升的科普信息需求。2017 年中国网民科普搜索数为74.31亿次，较2016年增长51.68%，2019年中国网民科普搜索数超过80亿次。

与网络国防军事科普需求快速增长趋势相一致，各网站的科普资源规模不断提升。

网络国防军事科普的受众数量激增，主要体现在各类科普网站论坛的用户点击量自媒体平台的粉丝数呈爆炸式增长。例如，超大论坛有超百万的注册会员，日均点击量500万，日均独立用户40万，最高在线人数近2万人。果壳网的官方微博和微信平台均拥有近千万量级用户。截至2017年8月底，科普中国网浏览量已达2.4亿次，“两微”浏览量已达15.9亿次，“科普中国”APP下载量达1.4亿次。从头条号、微博、微信公众号、知乎等自媒体平台中的军事自媒体账号的阅读、分享、评论、订阅、收藏数等数据（表9、表10）可以看出，军事类自媒体账号的用户数量巨大。

表9　头条号军事自媒体周榜

媒体名称	发文量（篇）	阅读人次	分享次数	评论次数	订阅人数	收藏人数
阿尔法军事	126	29645881	25059	4713	2726051	34178
第一军情	63	19166291	23090	3184	7437045	25358
“军迷”社	605	15127774	5416	1439	882947	6409
深度军备	52	9816539	9478	2444	217584	33980
军武次位面	57	9288151	3442	1781	2474645	8369

数据来源：头条号，监测范围为2018年8月6日—13日。

表10　军事微博粉丝数量

微博账号	粉丝数（人）	微博数（个）
央广军事	9415037	62209
军报记者	16766277	72518
新浪军事	15367825	51849
我们的天空	6355867	5042
中国海军网	1061296	9957

续表

微博账号	粉丝数(人)	微博数(个)
人民陆军	1015409	118
空军发布	2373536	556

数据来源:新浪微博,2018 年 8 月 20 日。

3. 移动端网络科普成为主流

随着现代信息技术、网络技术和通信技术的突破发展,各种运行于手机、Pad 的移动客户端取代 PC 端逐渐成为信息传播的主要途径。公众对信息、知识和科学方法的获取方式也发生了显著变化,包括国防科普在内的网络科普进入以移动端为主的时代。一方面,移动互联网的时效性和便捷性使得科普变得更为广泛和快捷,公众可以随时随地获取相关科普信息,互联网的社会影响力进一步迅速膨胀,2017 年 1 月至 11 月,移动互联网接入流量消费累计达 212.1 亿 GB,比上年同期累计增长 158.2%;另一方面,移动端科普的流量远超 PC 端。据统计,2017 年中国网民移动端科普搜索指数(55.7 亿)是 PC 端(18.59 亿)的 3 倍,与 2016 年相比,移动端科普搜索指数增长 65.34%,已成为最重要的科普方式。同时,各大主流门户网站和垂直类科普网站充分利用移动互联网,扩大自身的传播效果。各大网络国防科普媒体均开通了官方微博和微信公众号,部分网站利用其移动新闻客户端和科普 APP 推送科普信息,开设相关军事栏目,如腾讯新闻客户端、科普中国 APP、果壳网移动端、果壳精选等。可以看出,当前移动互联网科普已超越传统 PC 端科普,成为最重要的网络国防科普形式。

(三)国防科普网络平台的特点

1. 论坛的特点

军事论坛是网络国防科普的重要组成部分。早期的舰船知识论坛等军事论坛曾经有数十人、数百人、数千人同时在线，现在很多大型军事论坛有数万人同时在线，每天有几十万的点击量。虽然受各种新媒体的影响，军事论坛的用户数量和影响力出现下滑，但论坛本身所具有的传播特点，使其在国防科普中仍然发挥重要作用。论坛的主要价值体现在参与者提出观点，并引起讨论和争议，参与人员同时作为传播对象和传播者，因此论坛的话题内容可以非常广泛和深入。影响力较大的论坛都会吸引一批具有专业素养的人员参与，而且经常围绕专业问题展开激烈讨论。因此和其他形式相比，在良好的管理条件下，一部分强调专业性的论坛往往更具有深度和纠错能力，对参与者的科学素养和理性思维要求更高。

2. 科普网站的特点

科普网站通常设有军事板块，垂直类科普网站和门户网站通常设有军事频道。这些网站充分运用多媒体技术，实现图文并茂、生动逼真的视听信息传播，已成为国防科普的主要传播形式。在垂直类科普网站中，果壳网是最具代表性和最具特色的泛科学科普网站之一，一定程度上可以代表垂直类科普网站的特点，研究其在国防科普中的特点具有重要意义。

除垂直类科普网站之外，各大门户网站的军事频道拥有最为广泛的受众，他们利用丰富的资金优势、技术优势、管理优势和军事题材的话题性，吸引更多用户关注，提高网站知名度，具有其他科普手段无法比拟的庞大的用户点击量和流量。对当前最具代表性的几大门户网站的 Alexa 网站排名研究发现，腾讯、搜狐、网易、凤凰、新浪的国内网站排名靠前，这表明他们有较强的社会影响力。各门户网站的军事频道的访问比例为 1%~2%，人均页面访问量为 1~2 次。

门户网站的流量大、内容时效性强，但国防军事科普信息的数量有限，传播方式多为军事新闻报道，在信息发布、专题制作、网上直播、深度报道等方面往往缺乏专业性。门户网站军事频道作为信息传播平台,内容博杂,信息来源不清,其自身生产的内容较少,部分门户网站甚至不做军事内容的生产,信息来源渠道主要以转载传统媒体文章和其他网络媒体的军事内容为主。对环球网军事频道研究发现,在其军情动态栏目 2018 年 7 月 22 日之前的 242 篇报道中,原创内容共 79 篇,占比 33%,如图 16 所示。

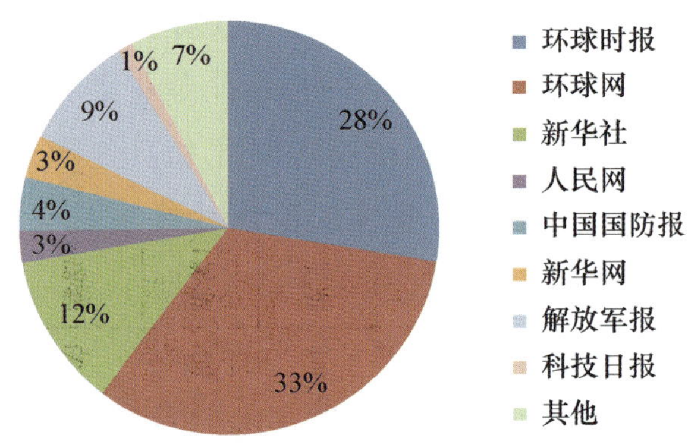

图 16 环球网军情动态栏目文章统计

总之,从科普网站的发展来看,科普网站的科普功能不断丰富,科普效果不断增强,综合性门户网站军事频道注重用户使用流量,扩大科普的广度;垂直类科普网站注重原创内容质量,加深科普的深度。但科普网站的互动性相对弱化,以单方面的科普为主,并且这种科普效果、质量与军事论坛相比缺少一种修正能力,依赖经营者自身的管理。

3. 搜索平台的特点

搜索引擎的出现,使得人们获取信息获取知识变得越来越容易,也让知识跨越了地域的限制,更公平地触及每一个人。百度是我国最大的中文搜索引擎,依托其强大的服务功能,提供了百度知道、百度贴吧、百度百科等相关科普内容服务,据有关数据显示,目前在中国百度搜索业已覆盖中国 97.5%的网民,日均响应搜索 60 亿次;而在手机百度上,科学知识类检索量每天达数亿次。搜索引擎为平等获取信息打开了一扇窗，通过搜索引擎在海量的科普信息中直接获取所需科普信息成为越来越多网民的主动选择和主要选择。资料显示，2018 年第一季度中国网民科普搜索指数为 20.96 亿次，同比增长 20.18%。中国网民科普搜索热，代表着通过搜索引擎这一工具，网民的信息获取需求被完全释放出来，尤其是在智能手机为终端的全民覆盖之下，网民更乐于运用搜索引擎进行"点对点"的科普搜索，搜索让公众从科普领域的参与者变成了主导者。

在"互联网+科普"的大背景下，搜索平台不断融入新技术，让科普信息获取更为便捷、准确和智能。例如，通过语音搜索、图像搜索等技术，各阶层、各年龄段网民都能轻松获取信息和知识。2017 年 9 月，科普中国 · 百度搜索"AI 科普"计划，以"科普中国"为品牌依托，借助百度的 AI 技术与搜索资源，打造权威、准确、视觉冲击力强、互动性高、实时更新的科学知识信息获取平台，将 AI 技术融入科普搜索，让用户体验人性化的新科普搜索。

遗憾的是，在国防军事科普领域，搜索技术的进步，并没有带来搜索内容的提升。目前，百度百科有 1550 万个词条，由 657 万人编写，但在其搜索分类中不包含国防、军事、战争之类的词条，也缺乏对武器装备的权威性覆盖。词条编辑者自身的国防军事素养和科学态度影响科普信息的准确性，缺少国防和军队权威机构的参与，导致不实信息无法清理，影响了国防军事科普效果。

4. 新兴媒体的特点

新兴媒体为迎合现代人们生活节奏快和闲暇时间碎片化的需求应运而生，成为人们获取信息、学习、交流的重要渠道，新兴媒体的兴起为网络国防科普带来了巨大的活力。

新兴媒体主要依托信息网络技术数字通信技术进行信息传播，能够快速捕捉信息、加工信息、传播信息。移动新闻客户端和科普 APP 能够及时高效地发布权威资讯持续推送国防科普知识，及时回应国防领域热点问题。网络直播平台各类短视频微视频,以直观化的科普方式,满足受众碎片化的科普需求。借助手机等移动终端新兴媒体可以实现全时域和几乎全空间的传播,其传播的受众更广,影响面更大,传播效果更为显著。

新兴媒体针对不同用户采取分众化传播。根据用户的不同层次和需求进行国防科普,是取得科普成效的关键因素,而新兴媒体在这方面具有独特的优势。用户在平台上的每一次点击、阅读、转发、评论等操作,都会作为数据被收集和记录,并借助大数据、云计算等技术,分析用户群体的特征画像,关注热点和潜在需求。在众多国防科普知识中自动筛选出用户最感兴趣、最需要的信息,定向精准推送,切实提高科普的精准化水平。相关数据分析显示,成年男性更关注前沿科技,航空航天内容最适宜用视频方式展现。

5. 网络游戏特点

网络游戏的发展速度惊人,成为现代年轻人的一种重要的娱乐方式,尤其给青少年带来巨大影响。数据显示,2017 年 1 月至 11 月,我国网络游戏业务收入达到 1341 亿元,同比增长 22. 1%,在快速发展过程中,网络游戏的影响力显著提升。依托网络军事游戏(仅指具有一定真实性和仿真度的网络游戏)开展国防科普,能够把隐性科普与游戏娱乐结合起来,寓教于乐,在娱乐的过程中潜移默化地提升自身的国防知识,达到国防科普的目的。

网络军事游戏提供一种引人入胜、个性化、互动性的全新自主科普体验,具有一定的真实性和启发性特点。军事游戏通过逼真的战场环境模拟和任务引导,与用户形成互动,吸引用户对军事的初步关注,促进用户对军事技术和历史产生兴趣,客观上起到了启蒙作用。

《坦克世界》《战争雷霆》等军事类游戏,军事知识丰富、场景设置贴近实战、动画声效逼真,吸引了大批玩家。《坦克世界》是一款大型多人军事模拟游戏,全面展现了苏联、美国、德国的各式经典坦克。

游戏中的坦克数据以真实坦克为基础，并利用算法对武器的毁伤效果进行仿真和评估，较好地平衡了游戏性和历史真实性。在游戏中玩家对坦克的最大装甲厚度、时速、射速等各项性能参数，对每种炮弹的特征、装甲击穿原理，甚至对战略战术都会有一定了解。游戏之外，《坦克世界》在各大“军迷”社区平台定期推送文章，发掘游戏中与坦克相关的战争历史，满足了“军迷”玩家的文化认同感，客观上具有一定的国防科普效果。

6. 军队科普网络信息化传播概述

军队科普是指针对广大指战员进行的军事科学技术和国防知识的普及与推广，主要在军队组织下进行，以军事科学知识、科学方法、科学思想、科学精神为主要内容，通过多种方法、多种途径向广大官兵传播和普及的活动。

《2006—2020 年国家信息化发展战略》认为信息化是充分利用信息技术推动经济社会发展转型的历史进程，我国科普信息化发展经历了科普资源数字化、科普信息传播网络化、科普信息服务智能化三个阶段。当前，军队国防科普信息化已成为拓展装备科技传播渠道、丰富装备科技传播内容、增加装备科技传播服务的重要方式。综合来看，当前我国针对军队官兵所开展的国防科普信息化工作其基本构成要素主要包括装备科技传播者、装备科技传播受众、装备科技传播内容、装备科技传播环境（图 17）。

在装备科技传播链条中，传播者是装备科技信息传播的源头，决定着装备科技信息传播的方向与质量。传播者在搜集和整理武器装备性能、参数、原理、操作方法等技术资料和国内外军事技术、武器装备发展状况的基础上积累大量信息，并利用科学的方法对信息进行加工、处理和分析。传播者凭借自身的装备科技知识和经验对处理后的武器装备相关信息进行整合，或对相关研究成果进行活化处理，创造出含有较高价值且易于理解的装备科技知识。相对于装备

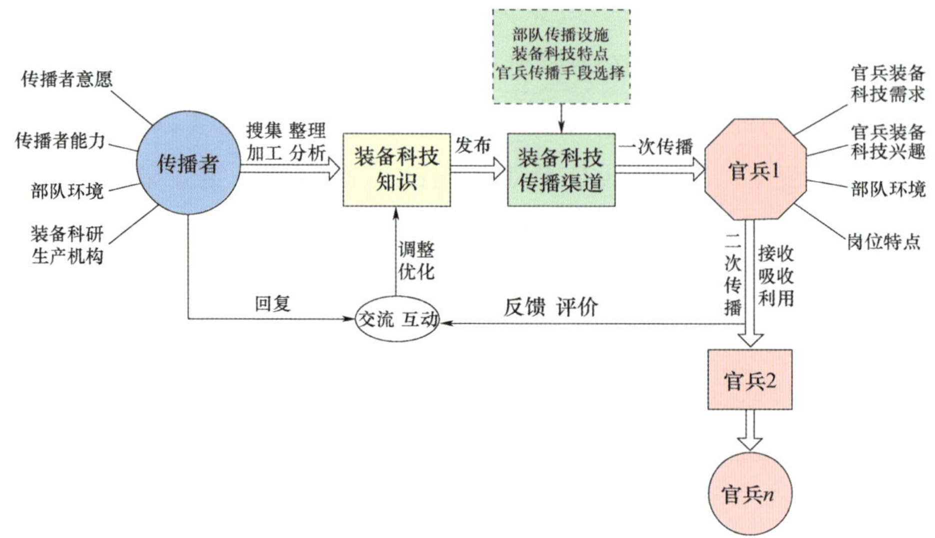

图 17　基于军队科普的装备科技传播模式

技术资料的晦涩难懂，基于军队科普的装备科技知识形式有文字、图形、图像、视频、音频、动画等，形式更加多样，内容更易理解。

装备科技知识子系统是装备科技信息传播的核心组成要素，其生产依赖于传播者自身科技素质、人员群体、军队环境等，并受传播渠道和官兵反馈因素的制约和影响。传播者生产的装备科技知识借助军内传播、大众传播、脱网传播等渠道或平台发布向官兵传递，装备科技知识的发布和传递与军事训练、宣传教育、装备培训、国防动员等部队各项工作深度融合，传播过程必然受部队其他子系统的影响和干扰。所以，整体而言，装备科技知识发布和传递子系统受传播者对内容的选择与加工、官兵对信息和媒介的选择，以及装备科技知识与渠道之间的相互制约影响（图 18）。

官兵作为装备科技信息传播活动的对象，既是装备科技知识的接收者，也是装备科技信息传播活动的最后一环。官兵根据自身科技素质和所属武器装备、岗位和部队作战、生活环境的特点，产生不同的装备科技需求，对来自传播渠道的装备科技知识选择性地接收、

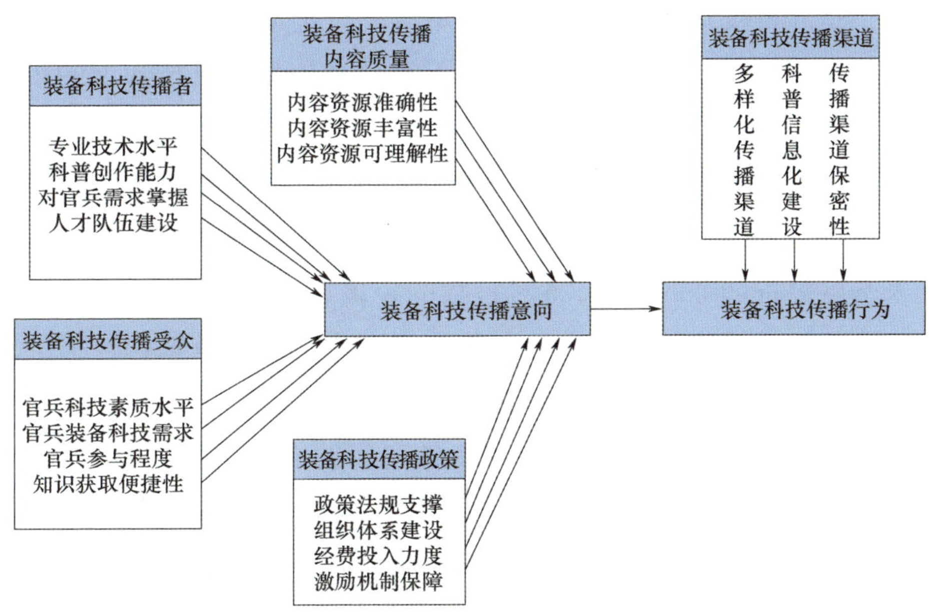

图 18　军队科普装备科技传播能力影响因素

吸收和利用,并通过多种方式在官兵群体内进行二次或多次传播。

军队科普针对官兵进行的装备科技传播活动以提高官兵科技素质和装备运用能力为目标,面向官兵适时、适需开展的一系列有组织、有目的的群体性活动,是装备科技传播的重要方式。装备科技传播活动的特点是充分利用现有装备和部队环境,在强交互性的活动中激发官兵学习装备科技的兴趣,促进官兵装备运用能力的提升。从系统过程要素分析,装备科技传播过程本质上是装备科技信息的传播过程,与军事训练、教育、宣传、国防动员、武器装备生产等多领域存在物质、能量、信息的交换。其中,重要的装备科技传播活动包括以下三种。

一是科普进军营活动。在军民融合背景下,社会各种科技传播力量开始参与装备科技传播,尤其是国防工业部门开展的一系列科普进军营、科普进边疆活动在提高官兵科技素质方面发挥了一定的促进作用,丰富了装备科技传播渠道,为装备科技传播带来新的活力。

二是高科技知识培训。依托各军事院校定期开设的高科技知识培训是在军事科技快速发展的背景下官兵系统学习科技知识的重要途径。

三是新装备接装培训。接装培训是部队官兵熟练掌握新装备的第一步,也是新装备形成战斗力的重要手段。参与培训的人员都是未来基层装备训练的骨干,将对官兵的装备运用能力产生持续影响。从美军的相关做法可以看出装备接装培训中装备科技知识传播的重要性。为保证新装备快速形成战斗力,美军制定了一套标准的新装备列装程序,其主要做法是:在新装备列装的同时,提供包括专用工具、配套消耗品、维修配件、各类出版物以及相应的装备训练保障措施等。其中的各类出版物包括技术手册、训练教材等多种资源,是官兵获取装备科技知识、提高装备运用能力的重要途径。

当前网络时代信息传播技术发展迅速,依托互联网的新媒体、自媒体和移动新媒体作为信息传播的重要载体,在信息传播过程中具有即时性、碎片化、交互性、直观化特点,迎合了部队官兵快节奏的训练生活,符合青年官兵的信息获取和接受习惯,已经完全融入官兵生活。我国新条令中对官兵使用移动电话和网络也做出了新的规范,进一步放宽使用条件。在装备科技传播领域,对于一些通识性基础信息,各种新媒体传播技术已逐渐成为重要的装备科技传播形式,并对装备科技传播能力产生显著影响。目前,能够用于装备科技传播的先进媒介技术可以分为 PC 端新媒体、移动端新媒体和数字化传统媒体三种类型。

(四)国防科普网络传播的总体特征

随着移动互联网和各种新媒体、自媒体平台的兴起,网络国防科普传播形式发生了显著变化,总体上呈现一系列新的发展特点和趋势。早期网络国防科普形式出现用户流失、内容质量下降等情况,自媒体和一些新的媒体形式逐渐成为网络国防科普传播的主阵地，移动端超越 PC 端成为网络国防科普的主要传播平台。各传播平台的科普信息分布呈现新的特点，《中国互联网数据报告 2017》的调查数据显示（监测范围：2016. 12. 8—2016. 12. 14），科普信息传播平台分布中，互联网新闻占比超三成，微信占比超两成，微博、APP、新闻占比均超一成。

1. 国防科普周期的即时性

传统媒体的国防科普受传播技术和时空条件的限制，具有出版和播出周期，内容的更新是按天计算的。而网络媒体是即时传播，突破了时间和空间的限制，瞬间可达世界上任何地方。在网络媒体上，信息内容总在不断滚动更新，网络可以进行事件现场直播，公众在网络上可以即时看到事件每分钟的发展情况。国防科普信息作为一类特殊的信息，在传播过程中同样具有即时性特点，尤其在自媒体时代，即时性特征得到进一步加强，一则国防科普信息可以在极短时间内（有时是以分钟计算）迅速在多个不同网络传播平台进行发布，或通过微博、微信朋友圈等进行二次、三次传播，其传播速度之快，是任何传统媒体无法比拟的。例如，2017 年 4 月 26 日，我国首艘自行研制的航母正式下水，引起了网民的极大关注，央视新闻、人民日报等在微博上发布的相关报道，数小时内阅读量突破 1000 万次，转发、点赞数超过 5 万次。各网络媒体第一时间通过新闻客户端、微信公众号等方式向用户推送相关科普文章。如 26 日当天，央视新闻微信公众号发表文章《霸气！——中国已有两艘航母亮点全在这里（附视频）》，介绍了航母的建造环节；环球时报微信公众号发表文章《六问国产航母》，从两艘航母的舰载武器、雷达、发动机等装备入手，介绍了两艘航母的区别。在短时间内大量的航母科普信息几乎同时出现在各个网络媒体平台，营造了一股航母热潮。

为开阔国际视野、创新建设理念、推进改革转型、深化练兵备战,我国陆军于2018年7月29日至8月11日,在我国库尔勒举办"国际军事比赛-2018"。人民网、央视网、中国军视网、新浪军事、凤凰军事等各大网站和军事自媒体等网络媒体平台对"国际军事比赛-2018"进行了全方位的直播报道和实时科普讲解。公众在感受我军风采的同时,随着比赛的进行,在逼真的战场环境设置下进一步了解了我军最新武器装备和军事训练情况。现代信息传播速度和网络传播方式的发展,促使国防科普周期大幅压缩,即时性更加凸显。

2. 国防科普信息的"碎片化"

现代传播技术的发展和应用为快速高效传播海量信息满足人们的多样化信息需求提供了技术手段,信息传播变得更加快捷方便,碎片化传播成为当前和今后一个时期网络国防科普的一个主要特征和趋势。碎片化传播是互联网的特质,这与传统媒介的"大而全"有着本质区别,主要体现在时间的碎片和内容的碎片两个基本方面。

社会加速发展所造成的日渐加快的社会变化和生活节奏,加剧了人们对知识和信息快速获取的渴求,人们很难有整段的时间去接受科普,而随时随地的碎片化微科普成为人们接受科普的一种形式,众多碎片时间的积累拼凑成完整的国防科普传播。网络科普追求高效快速,却越来越忽视对信息的汇集、筛选与整合,传播着零散的信息,信息要素变得越来越独立,公众在一次科普实践中所获取的知识,只是科普内容的碎片化组成部分,碎片内容的叠加拼凑成知识的广度、观察的角度、分析的维度、认识的深度。各种新媒体,尤其是基于智能手机终端的移动互联网媒体的兴起加速了碎片化发展趋势,微博、微视频、微信公众号等科普方式都以很短的篇幅就某一具体内容进行科普。当前和今后一个时期网络科普主要是利用碎片化时间以碎片化传播方式传播碎片化内容。例如,"科普中国"官方微信公众号,在神舟11号飞船成功发射后相继发表《等待神舟11号载人飞船到来的天舟二号|头条》《神舟再起航,打造最长载人时间!|

头条》《万一,航天飞船没燃料了怎么办?》等多篇文章,每篇文章分别从不同角度介绍神舟11号飞船,传播着碎片化的知识,方便了网民的信息获取,引起众多网民关注,激起受众关注航天、了解航天的极大热情。国防军事科普的碎片化在对军事历史、战争史的学习上体现最为明显。通过对“中国军网”2014年至今的200多篇近现代军史文章(图19)研究发现,每篇文章都对应一个具体的历史事件或时间节点,并用较短的篇幅进行介绍,碎片化传播特征明显。

5月31日:《中华人民共和国兵役法》颁布	2018-05-31 09:27
战史今日5月22日:黄岗起义爆发	2018-05-22 11:37
“东满特委”及小汪清抗日游击根据地二三事	2018-05-03 15:05
战史4月27日:同盟会在广州举行武装起义	2018-04-27 09:03
战史4月25日:共产党提议建立抗日人民阵线	2018-04-25 08:30
战史4月9日:张学良周恩来密谈合作抗日	2018-04-09 09:33
冀西游击队如何配合主力军击破平汉铁路	2018-04-03 15:01
台儿庄:百姓预感家乡将决战 留下打鬼子	2018-03-27 09:05
高志航:第一个击落日军战机的中国飞行员	2018-03-22 09:49
王曙光:三封请战书他把自己送上了前线	2018-03-21 10:07

图19　中国军网部分近现代军史文章

3. 国防科普媒体的交互性

传统媒体传播是“点对面”的单向线性传播,而网络媒体传播是交互式传播,网络媒体最大的吸引力就是信息传播的互动性、自主性,互动性是网络媒体区别于传统媒体的最主要特征。网络传播的互动性是网络上信息发布的低门槛和信息传播方式灵活性所带来的直接结果。在网络国防科普中,网民通过点对点的私人交流(如电子邮件和聊天室)、点对面的大众传播(如科普网站或门户网站)、点对群的自媒体（如博客、微博、微信公众号）、多点互动的群体平台（如论坛）等方式，与传播者形成互动，主动发布国防科普信息或对相关文章进行讨论、评论，更为便捷地表达自己的观点，草根话语权获得前所未有的尊重。互动性不仅仅体现在传受双方交流的增强上，还体现在整个科普过程的改变上。在传统的科普理念中，传播者和受众是严格区分的，拥有信息优势的传播者占主导地位，而网络科普传播者和受众的界限逐渐模糊，受众获取信息的来源越来越多，借助交互性媒体能够与传播者形成有效互动。在交互过程中，传播者接受来自受众的反馈，而受众除了可以在极大的范围内选择自己需要的信息外，还可以参与信息的传播。在自媒体时代，随着新的互动平台的出现和传受地位的变化，这种互动性将得到持续增强。

4. 国防科普内容的准确性有待提升

国防科普的首要原则应是内容的科学性和严谨性，但在网络国防科普中，这一原则受到了挑战，出现传播内容科学性不足的“重普失科”现象。传统国防科普的传播内容经过了专家、媒体和相关机构的层层筛选，传播的各个环节都有审核的体系与机制，往往具有较高的科学性和权威性，而网络国防科普由于追求快速化和缺乏必要的审核、监管机制，导致内容的权威性和科学性在一定程度上受限。例如，《解放军报》刊登的一篇《电磁海洋巧捞“针”》的人物通讯被某网站改成《东海舰队演习有外军飞机突然接近被拦截驱离》。

5. 国防科普形式的直观化

在当前这个信息化社会，科普形式求新求变，充分整合当下的新技术、新潮流，科普更趋向于以一种更加直观、潮流的方式呈现。国防科普同样如此，“高大上”的国防科普逐渐通过直观化、娱乐化的方式传播普及，在科学严谨的基础上，以幽默风趣的话语、丰富多变的视觉呈现形式，让受众在休闲娱乐的过程中获取有趣知识，趣味性和娱乐性不断增强。借助娱乐的愉悦感所带来的主动性和自愿性，更容易使参与者注意和接收其中的国防科普信息，点燃对国防科普的激情，激发对国防科普的兴趣，直观化、趣味性已成为网络国防科普的显著发展特点。

据企鹅智酷发布的《2017 年中国自媒体全视角趋势报告》显示，有近五成的自媒体表示会在内容中加入更多短视频。随着 5G 时代的开启，军事类视频以直面受众的模式迅速崛起，通过震撼的视频效果展示我军的武器装备和官兵训练风采，短视频短平快的特点，避免了长视频产出速度慢、素材利用率低、传播效果差等问题，成为一股新的国防科普力量。除此之外，爱奇艺、优酷网、土豆网等视频网站开设了专门的军事科技频道，提供了大量军事题材的纪录片和科普视频。

（五）国防科普传播效果的影响因素

1. 传播者对效果的影响

1）传播者能力的影响

传播者在国防科普体系中居于主导地位，其自身能力的强弱对国防科普内容质量和科普效果会产生重要的影响。现阶段的网络国防科普主要由两个部分组成：一个是科技工作者做科普；另一个就是“中间人”角色，即科学的传播者。前者是要“把自己做的事讲清楚”，后者是要“把别人做的事讲明白”，两者都不容易。当前，国防军事高新技术的发展和网络科普环境的不断变化，给国防科普工作特别是传播能力提出了更高的要求。

首先是科技工作者的科普转化能力。科普的内容是科学技术，科普的传播是一门艺术，它需要把高深的科学用公众喜闻乐见的方式表达出来，也就是科普传播的能力。通俗地讲，科普像是技术和艺术结合的“双人舞”，科普传播能力更像是一种知识的再生产、再创造能力。从科普传播过程来看，国防科普传播内容的科学性、准确性、易理解性等依赖于国防科技工作者的科普转化,也决定了受众能否直接理解专业高深的国防科技知识,从源头上影响国防科普的效果。国防科技领域的科技工作者最有资格告诉公众,解答公众所关心的热点、难点问题,可以最大限度地避免知识在传播过程中出现差错,保证国防科普的准确性。为此,就受众而言,国防领域的科技工作者参与的科普效果会更为明显,但由于"科学话语"不同于"科普语言",科技工作者在工作中习惯了一定的语言模式,且很少有时间参加相应的科普培训,同时还有工作性质决定的保密要求等,在一定程度上影响了科学家参与科普、向公众传播国防科技成果的科普效果。

其次是科学传播者的知识结构。国防科普传播效能很大程度上取决于传播者的科学素质和知识结构,传播者对国防和军事技术等各类相关知识的准确掌握,是其向受众提供正确信息的前提。著名的布鲁克斯(B. C. Brooks)情报方程表明,"人对信息的吸收和消费是同其原有的知识结构密切相关的,没有相应的认知水平,即使碰到他最需要的信息,也产生不了任何信息利用和消费行为。"传播者所学专业,以及日常学术积累水平,是国防科普效果的重要影响因素。国防科普传播者虽然有的不直接从事科研工作,但是他们需要懂科技,这样才能将国防科技知识准确无误地转变为公众能够理解的内容。当前,从事国防科普的人员既有新闻传播、军事理论、国际政治等专业,也有航空、航天、舰船等专业,但由于现役军人、国防领域专家参与度有限,加上网络的快速传播中需要海量筛选、辨别真伪信息,国防科普传播者需要不断完善自身知识结构,既具有相关学科知识储备,又有一定的文学功底,才能将科学技术传播"距离"从"遥望"到"握手"。

2)平台组织管理能力的影响

平台组织管理能力是对信息的管理能力和对信息发布者的管理能力。相比传统媒体的发布流程,网络媒体平台的管理者对待国防科普相关内容传播和平台的组织管理体系等,更直接地影响该平台的国防科普效果。

首先，网络平台对真假信息的甄别、删除，影响整个话题导向。以超级大本营军事论坛为例，为保证论坛的有效运行，制定了一套严格的管理制度，确保了超级大本营论坛的内容质量和社会影响力。2006 年制定的论坛章程和规章，共计 9 章 70 条，对各种违规行为的处罚进行了明确规定，论坛允许多元观点的存在，但对“灌水”“漫骂”“歪楼”等行为会做出警告、扣分、禁言、删 ID 等不同程度的处罚，受罚者中不乏版主、贵宾或知名会员。调查显示，90.1%的会员认为论坛的多数版主是公正的；85.5%的会员认为论坛的管理比较好；92%的会员认为论坛的理性来自比较严格和规范的管理。其次，国防科普网络传播已逐渐由“粉丝为王”“流量为王”发展到“内容为王”的时代，尤其是自媒体平台，文章质量、高水平的作者和高质量的原创文章迫切需要受到知识产权的保护，以及对优秀作品的奖励，相反则有相应的惩处措施，以此鼓励优秀的国防科普创作者的积极性和原创动力。

2. 受众对效果的影响

1）专业受众的影响

传统意义上的受众在传播过程中是信息的接受者，一般处于被动接受的地位，而国防科普网络传播中的受众超越了传统传播学上受众的定义。在新媒体时代，受众已不是被动的信息接受者，而是可以主动创造和传播信息的“新受众”，对新媒体提供的各类信息具有一定的选择性和主动性。目前，国防科普的专业受众主要指具备一定国防知识底蕴或军事专业技能的国防军事专家、军事评论员、国防题材撰稿人，以及资深“军迷”等群体。专业受众对国防科普内容的关注点更为专业和深入，能够依靠自己独立的思考能力来对所接受的信息进行解读与判别，并根据自身的专业知识和经验积累，通过讨论、评论、转发等方式，表达自己对某一问题的见解。

国防专家、军事“大 V”等具有较高的社会关注度和影响力，其对某一问题的看法能够对一般受众和传播者产生一定影响。对超级大本营论坛的调查中发现，有 36.4%的会员对某一问题的看法经常会受其他会员的影响而发生改变（表 11），有 25.8%的会员认为成功地改变过其他会员的观点。

表 11 超级大本营论坛受其他会员的影响而改变自己观点的会员比例

	频率	百分比	有效百分比	累积百分比
有效非常不符合	37	6.6	8.0	8.0
不符合	152	27.0	32.9	40.9
有点不符合	105	18.6	22.7	63.6
有点符合	128	22.7	27.7	91.3
符合	38	6.7	8.2	99.6
非常符合	2	4	4	100.0
合计	462	81.9	100.0	
缺失系统	105	18.1		
合计	564	100.0		

2）一般受众的影响

研究显示，一般受众对内容的选择因自身情况不同而存在较大差异，不同科普群体对国防科普内容有特定的偏好，其中性别年龄和受教育程度是导致用户对科普内容选择的重要因素。

一是受众关注的内容存在性别差异，男性群体更关注国防科技。数据显示，男性群体的科普搜索兴趣集中于科技、能源、国防领域，对网络、飞行器、武器装备等话题尤为关注（图 20）。

二是年龄差异对科普搜索意愿的影响，中青年成为最愿意接受科普的人群。调查显示，在各年龄阶段中，30~39 岁网民的科普搜索意愿最高；40~49 岁网民的科普搜索意愿较高；20~29 岁网民的科普搜索意愿接近平均；50 岁以上的搜索意愿偏低；19 岁以下网民的科普意愿最低(图 21)。

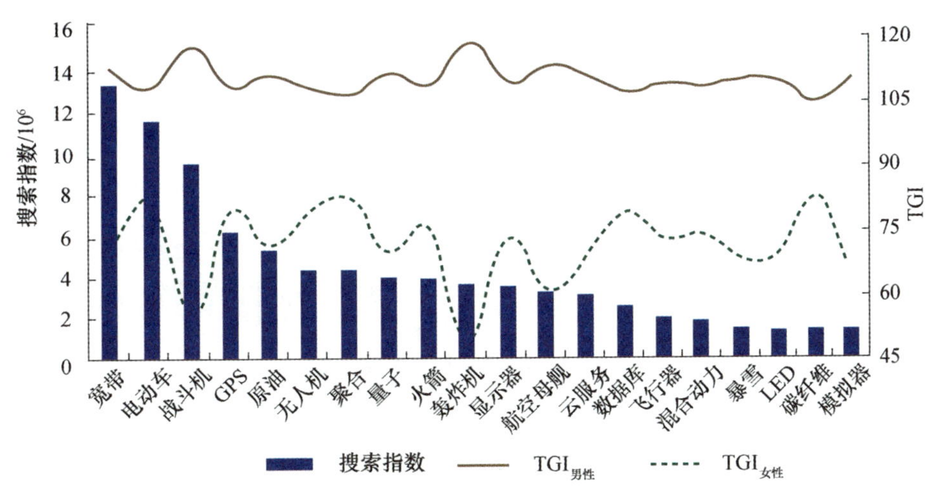

图 20　2016 年男性网民搜索意愿最强的 20 个热点

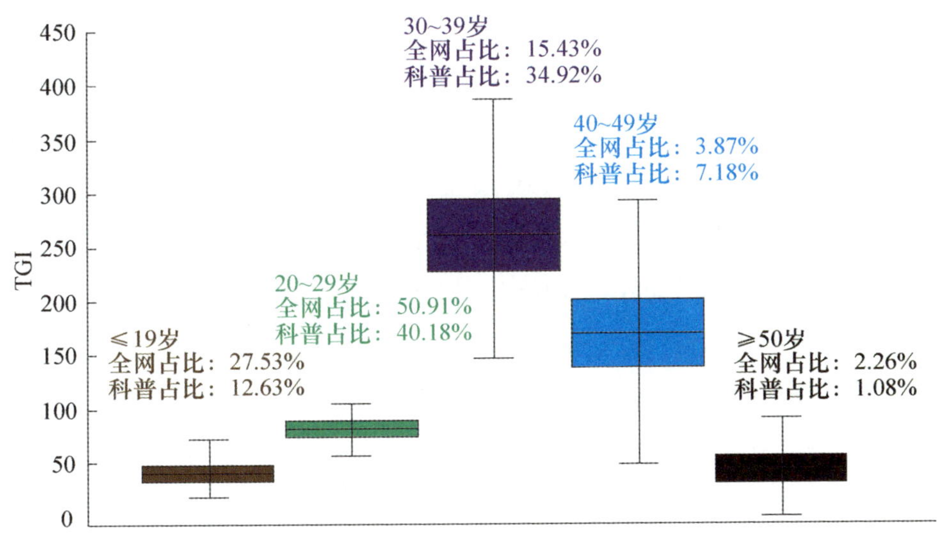

图 21　2016 年各年龄段人群的科普搜索意愿

三是科普用户普遍具有良好的教育背景。调查显示,45%的科普用户具备大专及以上的教育背景,初中以下教育背景的仅为 18. 6%,这部分人具有较好的文化基础和理解能力,并且能够掌握和利用各种新媒体传播形式，成为网络国防科普的潜在受众群体。在知识社会化和知识全民化的背景下，受众的文化特质、知识基础和吸收能力等直接影响着科普传播的效果，受众有足够的知识储备是使传播能够顺利完成的前提条件；如果受众的知识水平太低，就很难理解并吸收有关的科学知识，无法判别信息的真伪，容易被各种虚假信息所误导。受众的判断力和批判精神是与其科学素质的提升有关的，从这个意义上来说，公众的科学素质影响国防科普的效果。

（六）国防科普网络传播典型案例浅析

1. 案例1——超级大本营军事网

以极具影响力的超级大本营军事论坛为例，其传播特点充分体现了专业军事论坛的国防科普优势。

1）超级大本营简介

超级大本营军事网（以下简称超大）于2002年由全国各地的军事爱好者无记名自发组建，运营模式一直是自筹自管，是以军事为主要话题的垂直内容交互讨论式网络社区。高用户黏性，高阅读深度，低调转率，用户自行编发消息、疑问、分析、见解，进行兴趣上的交流和学习，在“军迷”与军事网络媒体中拥有很大的影响力。

2）超级大本营的特点与优势

一是话题内容广泛、专业而又不失理性。超大作为深度讨论的垂直式论坛，讨论话题主要由用户自行发起，目前有海军、陆军、空军、航天等50个版块，经常对国际时政热点、军事装备、战略战术、战史文化等“军迷”关心的话题进行活跃并深入的讨论。在各军事板块中，有大量关于各国武器装备的性能参数、军史战史的详尽资料、军事科技的最新进展的讨论，不少讨论具有较高的专业性、技术性和知识性。超大对外一直处在一种“专业”“可靠”的形象中，其内容在经过激烈的讨论后，往往能够去伪存真，专业性更强，网民可以通过论坛深入了解国防军事知识，提升国防军事基本素质，许多其他的军事资讯和分析类网站也从超大获取内容。

超大尽管存在激烈的争论，但总体上表现出较高的理性。首先是争论注重事实、数据和逻辑。当对某一问题进行激烈讨论时，尽管各方观点不同、言辞犀利，但在讨论过程中，为避免被处罚，不得不审视论据的可靠性和逻辑严谨性，形成“言之有据”“谁主张谁举证”“孤证不证”“消息和数据需有可靠来源处”等公认的评判规则。其次是有“辟谣贴”，对在公众中流传且常被媒体引用的大量谣言，通过严谨的考证和分析，进行有力的澄清，并在不断补充更新之中。再者，论坛的管理者本身就是军事爱好者，对于内容把握有知识底蕴，且因为是集体管理，传播内容不容易被个人利益所左右。论坛整体上表现出一种理性，2018 年调查显示，有 97.2%的会员认为超大论坛整体上比较理性（图 22），同时有 62.7%的会员认为大多数讨论具有一定的水平，87.4%的会员认为论坛具有较高的辨析谣言的能力。

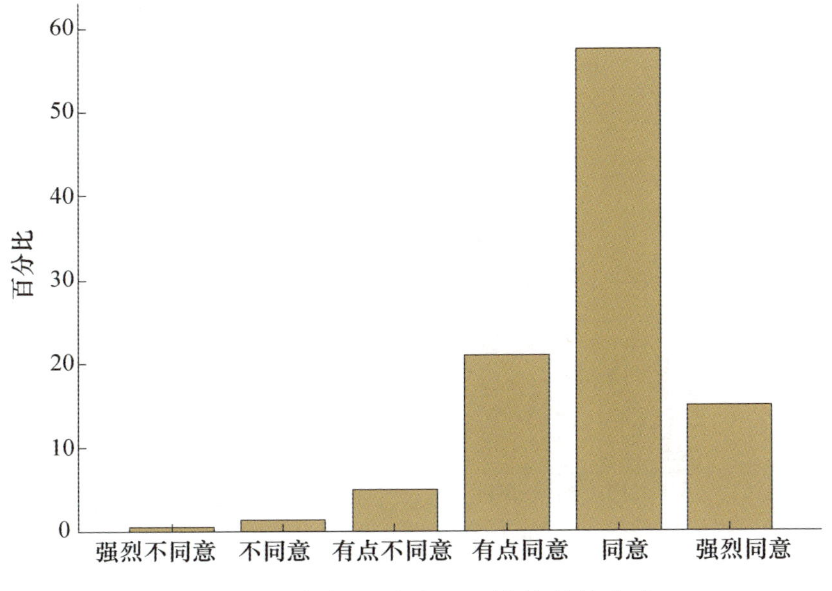

图 22　超大会员对论坛理性的整体印象

二是会员具有较高科学素质和使用黏度。超大的会员认同度高,爱国,理性,有较好的军事知识积淀。因其研究军事各种方向,积累了各行各业的专业人士,这些积聚效应也吸引了很多研究这些资源的分析者,包括军事杂志编辑和作者、国防院校学生、军事科研院所专业技术人员、党政机关事业人员、军人,以及其他领域的专业人员等资深"军迷"群体。超大论坛的知名会员、版主、贵宾和评论员共同构成了超大论坛的精英群体,他们的知识存量丰富,凭借专业知识优势,往往成为论坛的意见领袖。论坛会员围绕话题进行深入的讨论,如会员提问"船的排水量如何计算",就吸引了许多船舶设计、应用专业人士的讨论。调查显示,73.6%的会员学历为本科及以上;92.2%的会员认为有能力通过网络搜索到所需要的信息;59%的会员认为有能力查阅各类外文信息;有 89.4%的用户成为会员 1 年以上,3 年以上的会员占 58.7%,7 年以上的会员占 12.1%(图 23)。

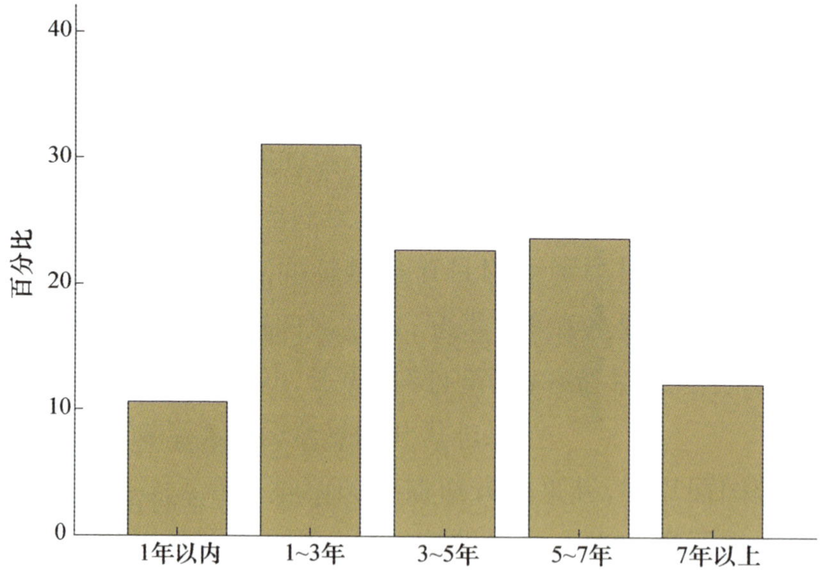

图 23　超大会员时间统计

三是用户结构优化。对海军版用户状况进行研究发现，在校生的年龄跨度较大，从小学生到研究生均有存在。值得注意的是，近年来随着自媒体的兴盛，小学到高中阶段在校生使用论坛的人比例呈下降趋势，高等教育阶段的用户存在量变化不大。在校生人群在超级大本营海军版的活跃度与海军国内重大国防军事项目的公开发表有着紧密的联系，这与我国国防军事项目建设的发展进步有着密不可分的关系。在职人员则以“70 后”和“80 后”为中坚力量，“90 后”亦有存在。这一部分用户中，有一部分与在校生的特征比较接近，其上线发言与国内重大国防建设有关。另外一部分则表现为传统军事爱好者的特征。此类用户的关注点并不完全拘泥于国防建设，亦有可能纯粹以某个军事历史、装备知识和军事热点作为乐趣所在。超级大本营海军版的用户中存在着相当多的与海军、海洋有关行业的杂志、网络撰稿人，他们处于海军版的核心用户位置。

四是论坛具有强烈的交互性和稳定性。交互性是网络社区存在的关键性功能，在论坛上，没有专家和“军迷”的区别，凡是会员都可以通过发帖或跟帖发表自己的意见，讨论内容对用户完全开放。超大论坛具有专业深厚的技术背景和活泼认真的讨论氛围，一个帖往往会引来几十、几百甚至上千回帖，不同身份的用户在激烈的讨论中发表各自的看法，通过交流又强化了他们的知识完整性，起到了相当程度的科普作用。同时，相对于自媒体等媒体形式对核心人员知识储备的依赖，军事论坛还具有长期性和稳定性。论坛由于开放性，资深“军迷”和军事专家等核心用户较为稳定，部分科普帖从 2005 年延续至今。

3）超级大本营面临的问题

尽管超级大本营军事论坛在军事科普方面取得了国内同行间少有的成就。但是近几年来也遇到一系列亟待解决的问题。大量新会员的涌入不可避免地造成了会员成分的层级化，需要大量具有相当专业素养的会员投入时间予以支撑,但这种义务性工作的动力完全来自高水平会员的社会责任感和科学精神,因无法得到制度上的保证而难以长久持续。对于超大论坛,影响论坛生存的另一个重要因素是资金不足。超大管理层为确保论坛不被资本所左右不接受任何投资,但是凭借广告页面收入和纪念品等简单周边产品的营销是无法支撑每年庞大的服务器升级管理开支的。即使近年来承担了一些“科普中国”的项目工作,仍然需要核心管理团队以个人收入填补空缺。2018 年底,超大论坛不得不向核心会员发起募捐,以解决拖欠的七万元服务器管理等费用。另外,长期高负荷运转造成的硬件损耗,也让论坛服务器长期带病工作,故障率越来越高,以至于不得不让原已退役的老旧服务器重新上线。另外,自媒体、公众号的发展,特别是一些平台的“变现”能力吸引了大量有一定实力的作者,这种情况的影响一方面体现在原创作者的分流也对论坛的凝聚力构成了冲击;另一方面也吸引更多喜欢浅层次阅读而非深度思考和讨论的读者,使论坛科普的“土壤”和“对象”共同流失。

2. 案例 2——果壳网(科普网站)

在垂直类科普网站中,果壳网是颇具代表性和特色的泛科学科普网站之一,一定程度上可以代表垂直类科普网站的特点,研究其在国防科普中的特点具有重要意义。

1)果壳网概况

果壳网是由民间资本创立的科技传媒公司,前身是公益性科学组织“科学松鼠会”,其成功的民间科普模式和独树一帜的网络科普风格,催生了果壳网。果壳网(guokr. com)于 2010 年 11 月正式上线,目前有科学人、问答、分答、在行、十五言、文艺、科学等几大版块,在移动端推出果壳精选等移动应用,并充分利用微博和微信公众号等自媒体平台的用户资源扩大自身影响。另有“果壳阅读”这一阅读品牌,专门负责科普类图书的编辑。果壳网对自身的定位是“科普服务提供者”,并一直秉承着“科技有意思”的理念,将晦涩难懂的科学原理转化为通俗而又不失严谨的科普知识,以更贴近生活的方式传递给大众,激发人们学习科学、了解科学的兴趣。果壳网不仅是一个网络科普平台,更是一个开放、多元的泛科学兴趣社群。

2)果壳网的优势

一是传播主体多元化。果壳网的传播主体由网站专业编辑团队、专家团队、科学顾问、果壳达人和广大果壳用户组成,他们可能是专业科普工作者、科技领域专家、某专业的硕博研究生、科技杂志的资深编辑、某一领域的资深爱好者、普通公众等。目前果壳网有20余名专业编辑,超过150名科学顾问,2000名果壳达人,覆盖物理、生物、环境、天文、医学、食物、工程、电子、互联网、航空航天等20多个专业领域。

第一类果壳网专业编辑团队,主要从事果壳网科普内容的选题策划、撰写、编辑工作,以及与作者的交流沟通和对用户创造内容进行把控,共同点是具有过硬的相关学科背景和较高的信息把关水平。第二类科学顾问,由各领域优秀的专家、学者、教授乃至中科院/工程院院士组成,在专业领域内,对果壳网的原创内容进行指导与完善。他们通过果壳网发布最新科研进展、社会热点事件背后的科学知识和公众的科学困惑,并与果壳用户进行互动,直接回答受众的提问。第三类果壳网达人,他们不是职业的果壳网作者,而是在某专业领域取得成就并有意愿从事科普传播的果壳用户,果壳达人具有果壳网认证的达人专业头衔“ψ”,挂在其用户账号上,有如微博加“V”一样,而又比加“V”言论更具权威性。第四类是普通用户,这些用户在提问、评论等环节中有意无意地成为传播者,还有部分传播受众在接受科普知识并加以学习的过程中变成果壳网的科普作者,进行科普传播活动。

二是核心竞争力在于内容生产。果壳网的内容生产方式包括原创内容和用户创造内容两种。高质量的原创内容是果壳网的核心竞争力，也是区别于其他科普网站的最主要特征。果壳网的专业编辑团队深度参与内容生产，从内容的选题、逻辑的严谨性、语言的风格等方面给出建议或直接对科学家的稿件进行改造。这些看上去既有趣又有质量的科普文章背后，有众多专业科普工作者、科技领域专家乃至中科院院士在把关，并通过评议的方式保证文章的科学性、准确性。

果壳网一直坚持“先发笑后思考”的科普传播方式，文字表达活泼而不失严谨，网络热词、流行语在果壳网文章中随处可见，文章脱去枯燥呆板的外衣，更具亲和力。如《一个脑洞：高射炮到底能不能打死蚊子？》《我的子弹会转弯》等文章，用活泼幽默的语言缩短了传受双方的距离，更像一个平等交流过程，科学与普通人更贴近了。在内容表现形式上，从早期的文章分析到图文直播，再到如今的原创漫画与视频直播，果壳网生产的内容表现形式多样，如图 24 所示。

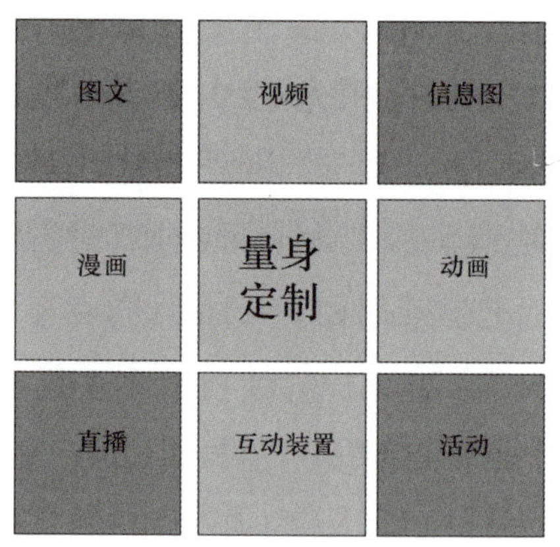

图 24　果壳网内容表现形式

在原创核心内容之外，用户创造内容也是重要组成部分，主要在与国防科普相关的果壳小组和果壳问答板块，由普通用户所创造，相当于是自媒体内容。果壳网对用户创造内容进行严格把关，及时对不科学的内容进行修改、删减，保证了网站传播内容的整体质量。果壳网重视科学辟谣在当前科普工作中的意义，并以此为抓手，在“谣言粉碎机”子品牌，建立了“流言陈述—线索分析—专家论证—给出结论—提供文献”的谣言破解流程，一定意义上为网络国防科普提供了一种新的科学辟谣范式。为了进一步提升科学辟谣的效果，创建了中文世界最大的科学谣言库“流言百科”，搜集科学谣言并进行集中统一辟谣。目前，这个谣言库已经收集科学谣言近3000条。借助强大的内容生产和辟谣能力，果壳网参与北京地区网站联合辟谣平台的辟谣工作，为微信、微博等官方的辟谣产品提供专家支持。

三是果壳用户定位精准。果壳网的用户集中于大学生和科技企业白领，也包括部分中高层企业管理者，他们普遍具有良好的教育背景和基本的科学常识，是一群对世界充满好奇心，爱探究，乐于接受新知识、新观念，新科技培育下的科技“新青年”，用知识创造价值，为生活添加智趣。

果壳网的受众定位正符合我国互联网网民年龄结构特点，活跃用户年龄集中在18~25岁。在地域分布上，多集中于北上广深和东部沿海地区。用户的受教育程度高，本科及以上学历占86%，较全网平均水平高出很多，如图25所示。

四是线上线下相结合的立体化科普手段。果壳网依托网站传播、社交传播、移动传播、线下活动等多种途径构建了一个立体化的社交式科学传播网络。PC端是果壳网的核心传播手段，主要通过果壳网官方网站进行传播，同时还充分利用果壳网官方微博、豆瓣的果壳网小站等丰富的传播形式。移动端有果壳网微信公众号、果壳精选APP等传播形式，其中果壳网旗下的13个微信公众号，共同构成了微信传播矩阵。在线下活动方面有万有青年烩、果壳公开课、菠萝科学奖、未来光锥、第八日等一系列用户可直接参与的有影响力的科普活动，通过与用户的线下互动增强用户黏性。同时，果壳网还推出大型开放式网络课程MOOC学院，与学堂在线、edx、网易云课堂等多

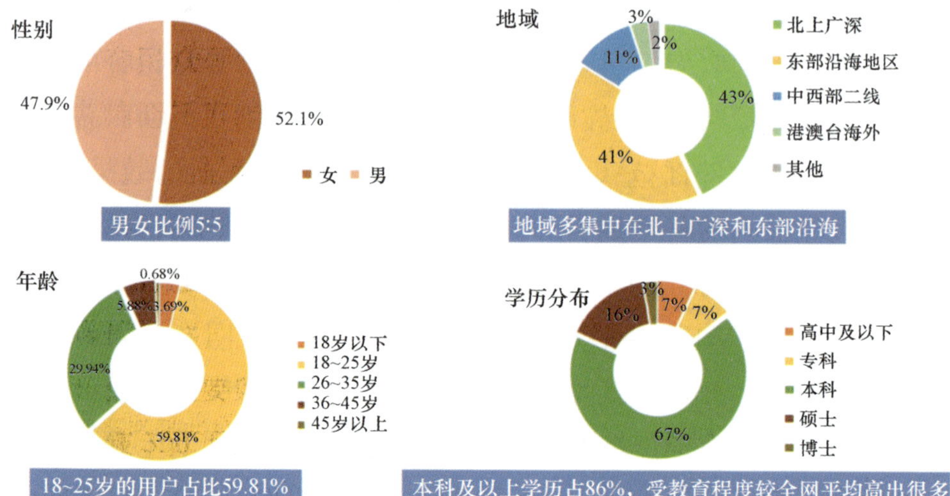

图 25　果壳网用户画像

家知名慕课平台进行合作，为用户提供深入学习的资源和平台，如图 26 所示。

五是与科技杂志社和科学家紧密合作。果壳网与《自然》杂志社建立合作机制，在科学论文发表前一个星期拿到杂志社发布的论文列表和信息素材，提前生产相关科普文章，在论文解密后直接发表，保证正确声音第一时间传播给公众，最大限度地压缩了谣言的生存空间。果壳网也在不断努力降低科学家参与科普的门槛。首先是对科学家的专访。在过去 5 年，果壳网持续采访了近百位顶级科学家，为善于做科普的科学家提供平台和机会，包装了一大批“科学家明星”。针对科学家做科普的意愿和能力较弱的状况，果壳网的科学人团队为科学家开展如何做科普的培训，连接科学家、科研圈与公众，不断把果壳做科普的能力释放到科学家的群体中去。

3）果壳网的国防军事科普

果壳网在国防军事科普领域的内容生产主要有网站原创内容和用户创造内容两个部分。

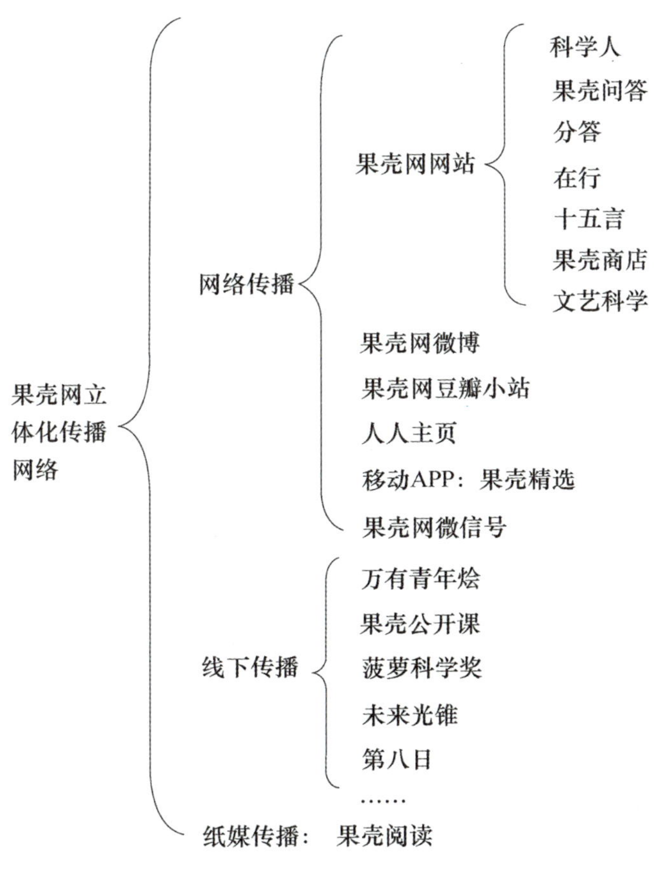

图 26　果壳网立体化传播网络

一是原创国防军事科普文章。果壳网自创立以来，共生产 18 篇与国防军事相关的原创科普文章，且主要集中在 2011—2013 年之间，原创国防军事科普文章统计情况见表 12。

表 12　果壳网国防军事科普原创文章统计

序号	标题	发布日期	来源	传播量
1	新式武器：让战争萌起来	2010. 12. 24	果壳网文章	38
2	科幻指导军工：货真价实的未来范儿武器	2010. 12. 30	果壳网文章	23
3	6 种让你生不如死的“非致命”武器	2011. 03. 02	果壳网文章	96
4	海豹突击队：“地狱”中走出的部队	2011. 05. 09	果壳网文章	87

续表

序号	标题	发布日期	来源	传播量
5	航母来临！瓦良格号整装待发	2011.07.18	果壳网文章	72
6	从“瓦良格”号出发,中国航母如何驶向未来	2011.08.10	果壳网文章	74
7	打败卡扎菲的6大武器	2011.09.02	果壳网文章	37
8	被伊朗“击落”的R0-170为何没有自毁	2011.12.12	果壳网文章	73
9	我的子弹会转弯	2012.01.31	果壳网文章	85
10	为何无人机无法取代传统战机?	2012.06.05	果壳网文章	149
11	完美武器,为何难以实用?	2013.07.10	果壳网文章	107
12	“AK-47之父”卡拉什尼科夫和他的枪	2013.12.24	果壳网文章	180
13	击落马航MH17的BUK是一种什么样的导弹?	2014.04.18	果壳网微信	552
14	坠毁在埃及的俄罗斯客机是被ISIS的武器打下来的?	2015.11.01	果壳网微信	10万+
15	一个脑洞:高射炮到底能不能打死蚊子?	2016.05.31	果壳网微信	4.1万
16	炮射卫星的传奇和未来	2017.01.07	KOL微博	10万+
17	小扎退学变富豪,为啥我退学就只能被胖揍	2018.06.04	果壳少年微信	1.6万
18	刚刚,“最难高考论文”被我们押到了!	2018.06.07	果壳少年微信	10万+

注:果壳网文章不显示阅读量,对应位置标注为回复量。

对果壳网原创国防军事科普文章进行分类汇总发现,介绍武器装备的文章最多,如图27所示。

二是用户创造的国防军事科普内容,主要集中在6个果壳军事小组中,分别是:兵器科学、航空模型、军事科技、近代战争史、枪王之王、武器宅。小组成员超70万人,发帖用户363人,共发帖4629篇,总回复54799条。果壳军事小组历年发帖数,如图28所示。

果壳网在国防军事科普领域取得了一些成绩,但未能充分发挥自身的传播优势。主要原因是对于有可能出现敏感问题、泄密问题的内容,在把控上遇到困难,遇到此类问题宁可不做也决不冒风险。

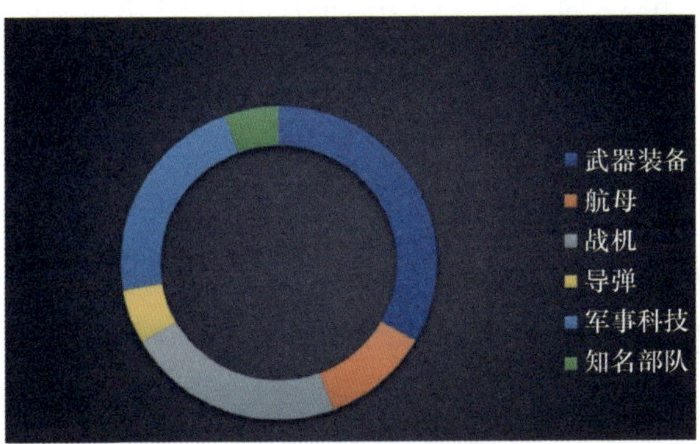

图 27　原创内容分类汇总

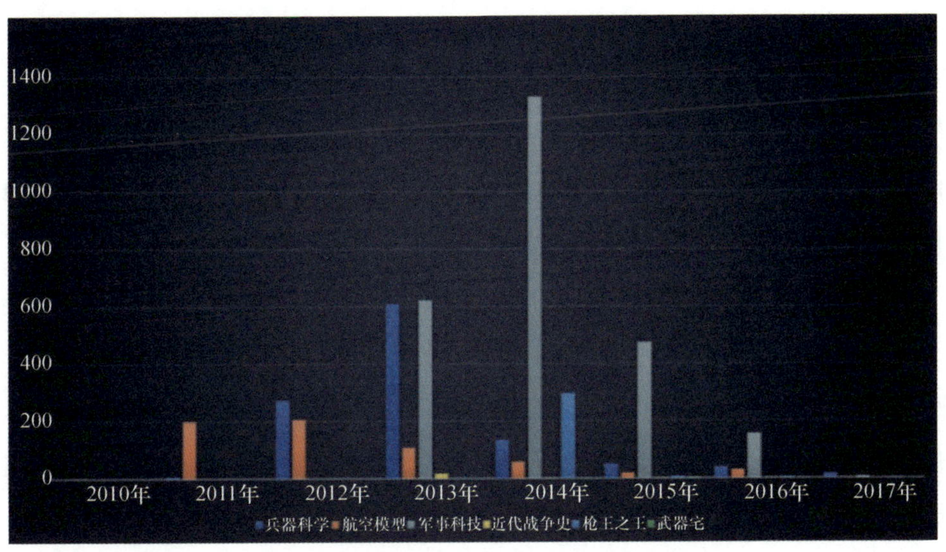

图 28　果壳网军事相关小组历年发帖数

第四节　国防科普新媒体中自媒体传播概况

自媒体平台包括博客、微博、微信公众号、贴吧、论坛/BBS，以及最近受国内普通用户欢迎的手机新闻 APP 平台。随着网络时代的发展，国防军事的科普重任从传统报刊、“互联网+”向自媒体方向发展，人们了解军事信息、科普军事知识的途径更多是手机上小小的APP软件。

（一）自媒体国防科普的现状

目前，国防科普在网络上除了过去的军事论坛外，主要有三种形式：一是新浪微博的军事微博博主；二是各个新闻平台的自媒体账号；三是军事类微信公众号。这三种情况可以说都是国防军事科普的自媒体。

新浪微博目前已经不如早年热度高，不单单是粉丝增加数到了一个瓶颈，博文流量也不如以前。加之新浪微博采取的是一种类似于开放性论坛的模式，普通博文并没有收益，人们主要在微博中交换看法、讨论问题。同时，新浪微博提供的长微博可以作为一些有深度的文章的刊载途径。但由于知识产权保护以及无收益，在新浪微博中撰写军事类长微博的越来越少。

供自媒体使用的新闻平台拥有自己的审核机制，主要依靠自媒体作者撰写各类文章来丰富平台的网络版面，同时依靠风投和广告收益等为自媒体作者提供资金收益。各平台收益的给付方式及标准各不相同，也直接影响了在各平台撰写军事类新闻的频率和质量。

微信公众号主要以新闻平台的自媒体文章同步发送微信公众号，再由工作人员登录和维护，并与粉丝进行反馈。

（二）国防科普自媒体的特点

自媒体平台实现了在电脑终端以及手机终端共同使用的特性，以便捷性得以迅速在年轻群体中扩散。从目前的发展来看，自媒体具有较强的自发性、参与性等特征，在传播效果方面呈现出明显的“去中心化”辐射扩散式的趋势。

第一，利用自媒体平台进行国防科普传播，传播者和受众实时互动，科普的口径、渠道倍增，大幅度降低了国防科普的内容生产成本和参与门槛。通过注册，政府、部队、企业、媒体和个人均可在自媒体平台上发布文字、图片、视频、漫画、H5 等多媒体形式的国防科普信息，人人都可以成为信息的发布者和接收者。因此，自媒体也被称为用户创造内容（UGC）方式。

第二，国防自媒体发展呈现多元化。一部分自媒体追求更加专业、严谨的深度科普，坚持内容为王的理念；另一部分自媒体则面向非专业受众提供较为通俗、更具趣味性的“入门级”国防军事科普。部分自媒体的发文量每周达几十篇甚至上百篇，由于数量庞大、内容更丰富，其形式吸引了快节奏生活下依赖碎片式学习的用户，丰富了国防科普的内容资源，激发了网络国防科普的活力。

第三，国防自媒体从“草根”阶段的个人推送逐渐发展到专业的团队支持阶段。随着影响力的上升和内容更新速度的加快，个人单打独斗的自媒体账号已逐渐为专业的自媒体团队所取代，内容生产、运营、策划宣传等方面得以细化分工，文章的质量和账号的影响力均得到提升。对于个人自媒体，如果没有很强的内容运营能力，则很容易陷入内容创作的瓶颈。相比之下，团队自媒体的最大优势在于可以集思广益，不断地创新。研究发现，一线的国防（军事）自媒体一方面通过鲜明的核心成员个性特征和核心内容与独特观点来吸引固定的粉丝；另一方面，他们也在积极地从单一社交媒体平台向多平台、多方位的内容展示及深度方向推进，充分利用各媒体平台的用户资源扩大自身影响力。

第四，国防自媒体的文章阅读量巨大，影响力与日俱增。按照“清博指数”的最新统计数据，《头条号自媒体 20180618——20180624 总榜》中“第一军情”以 4337 万的总阅读数成为头条号最具影响力的自媒体账号。通过对“第一军情”一周的发文进行统计，发现其平均阅读量高达30万+。此外,相关研究发现,民间自媒体的影响力普遍高于官方自媒体,民间自媒体的科普文章的阅读量也远超官方自媒体。据统计,军事类微信公众号中,约74%为非官方账号,其活跃度日益增加。2016年全年的自媒体运营数据显示,民间自媒体在平均单篇阅读量和平均单篇点赞量方面遥遥领先,传播效果较好;而科协系统的官方自媒体(包括学会科技馆期刊)在各项指标中尚没有突出表现,期刊略好于学会和科技馆(图29)。

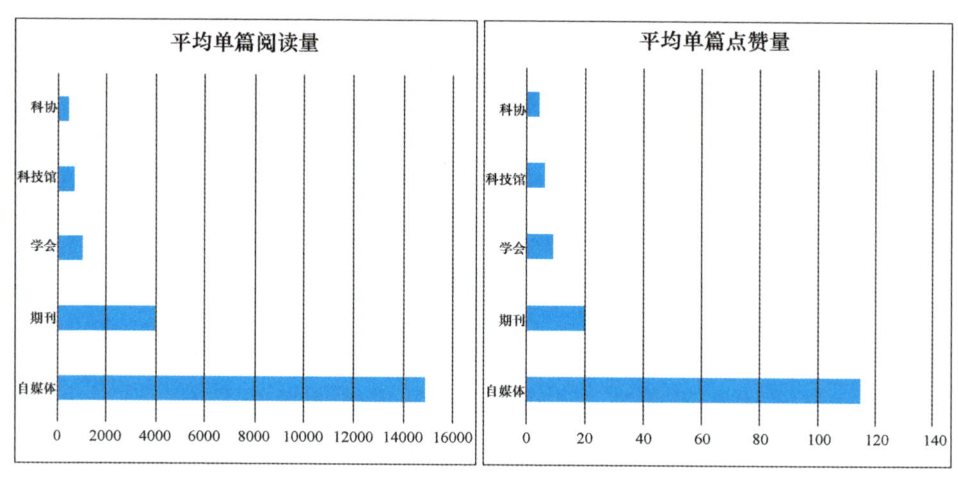

图29 2016年各类科普自媒体运营情况对比

第五,国防自媒体的创办者和用户具有一定特点。研究发现,国防科普自媒体的创办者主要是军媒从业者、退伍军人、军属、“军迷”等拥有丰富国防军事信息的群体。国防科普自媒体的用户群以年轻男性为主,UC曾利用大数据对UC头条军事频道的用户“画像”进行描绘,数据统计表明,国防科普自媒体的主要用户为年轻男性,其中26~30岁男性成为用户的主力军,而19~25岁青年则排在其后;从职业上看,企业职员占比最多,接近一半。值得注意的是,自媒体在快速发展的同时,国防科普也出现了内容重复率高、管理不一的现象。

(三)自媒体在国防科普方面的作用

近年来,国防(军事)自媒体受众面相当广泛,已经不再局限于“军迷”这个圈子,通过新闻平台 APP 这类手机应用进行阅读,已成为老少皆宜的阅读选择。可以说,自媒体在国防科普领域的影响力越来越大,对普及国防科技知识作用越来越大。

一是由于人们阅读习惯的改变,自媒体在国防科普中具有明显优势,传播效率更高。传统的国防军事杂志,在网络信息科技发展的大趋势下变得难以为继,近年来相继有多种军事杂志停办。由于很多城市的书报亭消失了,很多依靠书报亭购买军事杂志的“军迷”失去了购书途径,只能依靠邮政系统的订购来购买,导致了军事类杂志订购数量下降。同时,传统纸媒印量有限,一本军事杂志一期仅几万到十几万册,这种覆盖率和传播效果远没有网络自媒体广泛。一篇军事科普文章在自媒体上可以获得十几万甚至上百万的点击量,其传播的效率比纸媒高得多。此外,报刊化的军事科普已经难以满足当前军事资讯飞速发展的需求。军事杂志往往是月刊或半月刊,军事类报纸很多兵器栏目也要一周一版,基本上无法适应每天都有热点、每天都有新闻的新时代。而报刊的稿费标准多年来稳定在一个量级,导致在与自媒体新闻平台争夺军事作者的过程中处于明显劣势。在流量为王的时代,或许一篇军事文章仅千字左右,但是流量可以上百万,其后流量收益可达数千元,可观的经济利益也直接导致了很多优秀的军事科普作者转战自媒体,在传播军事知识的同时实现了自身的“财务自主”。

二是自媒体大 V 在军事科普中的话语权越来越大,在国防科普中起到了一定的重要作用。自媒体军事大 V 在自媒体平台上撰写文章、发表见解并拥有大量粉丝。其中有一部分军事大 V 是二三十年的资深“军迷”,他们使用具有一定 IP 影响力的微博名称作为自己的自媒体账号,客观上促进了国防科普工作。

三是各类运营团队进军自媒体领域,放大了自媒体的传播效率。自媒体的特点是需要大量的素材作为平台支撑,无论是图文还是短视频都受到新闻平台的喜爱。而个人的精力是有限的,具有较强军事科普功底的军事大V数量也是有限的,所以他们产出的高质量图文资讯往往通过运营团队推送到军事类新闻版面,能够较好地传播国防信息、普及军事知识,但可能也有错误的数据,或不准确的观点。

(四)国防科普自媒体案例浅析

下面,以“虹摄库尔斯克”这一自媒体账号为蓝本,对军事科普类自媒体运营现状、存在问题以及发展趋势进行简要分析。

1. 新浪微博军事账号情况概述

“虹摄库尔斯克”是橙V账户,是个人VIP账户中的最高级别,2018年底有粉丝357万余名。一则九宫图和一段文字组成的一般微博贴文充当了信息类的传递手段,是比较及时和有效反映资讯的途径。同时,新浪微博提供的长微博可以作为一些有深度的文章的刊载途径。但是由于知识产权保护以及毫无收益,其本人在新浪微博中撰写军事类长微博的情况越来越少。目前,“虹摄库尔斯克”账号中的普通微博贴文原创量在下降,主要以转发和评论为主,而长微博基本上已经停止更新。

2. 新闻平台自媒体账号情况概述

目前,该账号已经在腾讯新闻、天天快报、QQ新闻(企鹅号)、网易新闻(网易号)、百度百家(百家号)、今日头条(头条号)、大鱼号、新浪看点、一点资讯、凤凰新闻(一点号)、东方号、搜狐号、趣头条等平台中注册了以“虹摄库尔斯克”和“虹摄”为ID的自媒体账号,作为目前主要开展军事类网络写作和科普的阵地。

“虹摄库尔斯克”和“虹摄”ID账号在军事类科普自媒体中具有

一定知名度，在上述新闻平台中均位于“头部”作者行列，在“军迷”中也有较强的号召力，文章以国际形势分析、兵器装备解析、军事历史回顾等为主。每日更新1000字左右军事文章2~3篇，基本采取全网通发的形式，使得网友能够第一时间看到最新资讯。

3. 微信公众号运营情况概述

目前，公众号与工作室合作运营，将新闻平台的自媒体文章同步发送微信公众号，再由工作室人员帮忙登录和维护，并与粉丝进行反馈，已成为一种现象。如，微信公众号ID“跟着虹摄看世界”2018年粉丝1万余名，单篇阅读量为1000~2000。在此基础上，其与工作室推出了音频军事类节目《虹摄品军刊》，结合时事以解读《兵器》《现代舰船》《世界军事》等军事杂志为主，主要向目前难以买到纸媒军事杂志的网友分享军事杂志中的一些资讯，并解读一些军事知识。音频节目每期半小时左右，通过微信小程序进行有偿阅读，为此建立了多个粉丝群进行军事科普并维系关系，均有工作室人员负责维护。军事类微信公众号月榜数据参见表13。

表13　2020年6月11日军事类微信公众号月榜数据

排名	公众号	头条平均阅读数
1	局座召忠	10.00万
2	军武次位面	9.85万
3	蒋校长	6.96万
4	补壹刀	6.11万
5	九龙军事	7.50万
6	军武速递	9.11万
7	诸葛兵	7.51万
8	铁血军事	8.27万
9	一号哨位	6.80万
10	讲武堂	5.60万

数据来源：西瓜数据。

第三章　国防科普设施与科普活动案例

第一节　中国科技馆国防科普活动

中国科技馆是我国唯一的国家级综合性科技馆，是实施科教兴国战略、人才强国战略和创新驱动发展战略，提高全民科学素质的大型科普基础设施。

中国科技馆的主要教育形式为展览教育，通过科学性、知识性、趣味性相结合的展览内容和参与互动形式，反映科学原理及技术应用，鼓励公众动手探索实践，不仅普及科学知识，而且注重培养观众的科学思想、科学方法和科学精神。在开展展览教育的同时，中国科技馆还组织各种科普实践和培训实验活动，让观众通过亲身参与，加深对科学的理解和感悟，在潜移默化中提高自身科学素质。

2013—2019年，中国科技馆通过举办常设展览、短期展览、巡回展览、主题教育活动等开展有关国防（军事）科普工作。

（一）常设展览

1. "华夏之光"展厅

"华夏之光"展厅位于中国科技馆主展厅一层，设有"中国古代的技术创新”“中国古代的科学探索”“华夏科技与世界文明的交流”三大主题分区。其中,“华夏科技与世界文明的交流”主题分区以古代中外科技交流为主题,以丝绸之路为主线,反映四大发明等科技发明成果的外传以及其他文明对中国古代科技发展的影响。该展区还展出了四大发明之一——火药的相关内容,包括火药的配方、“突火枪”“一窝蜂”“火龙出水”“神火飞鸦”四种古代火器的模型,以及西方传入中国的火器(如佛郎机、鸟铳)等缩小模型。

2.“信息之桥”展厅

“信息之桥”展厅位于中国科技馆主展厅三层,以“认识世界、沟通彼此、改变未来——无所不在的信息科学”为主题,展现了虚拟现实、人工智能、大数据、智能制造等高新技术,并利用这些技术向公众传播和普及医学、国防军事、信息科学等领域的科技知识。

在该展厅中,“航空母舰虚拟体验”这一大型互动展项利用虚拟现实技术,通过虚拟仿真场景,让观众可以沉浸式地感受海军战士在航母上的工作环境,并通过佩戴 VR 头盔以及动作捕捉设备等,以角色扮演的方式参与到航母舰载机的虚拟调动作业任务中,体验舰载机驾驶员、舰载机引导员、牵引车驾驶员、牵引车引导员和调运辅助员这五个角色的工作,从而增进观众对航母相关军事科技的了解。

(二)短期展览

1. 日月经天,江河行地——国家重大科技成果掠影

2013 年 9 月 29 日—10 月 31 日,在常设展厅二层公共空间布设了由中国科协主办、中国科技馆承办的主题为“日月经天,江河行地——国家重大科技成果掠影”短期展览。展览以掠影的形式,从海陆空三个视角集中展现我国科技创新的重大成就,其中涉及部分国防科普内容,包括歼-10、歼轰-7、空警-200、空警-2000、教-8、直-9、红旗-9 地空导弹等模型。

2. 中国梦 · 科技梦——核科学技术展

为了纪念中国第一颗原子弹爆炸 50 周年，中国科技馆于 2014 年 10 月—2015 年 1 月举办了“中国梦 · 科技梦——核科学技术展”，展览回顾了 1964 年我国第一颗原子弹爆炸成功的辉煌成就和艰苦奋斗的精神，展现了党和国家发展核武器的重大意义。本次展览服务公众 4.5 万人次。

3. 航天放飞中国梦——庆祝中国航天事业创建 60 周年航天科技成果展

2016 年是中国航天事业发展的第 60 个年头。9 月 12 日—12 月 18 日，由中国科技馆和中国宇航学会共同承办的“航天放飞中国梦——庆祝中国航天事业创建 60 周年航天科技成果展”在中国科技馆短期展厅展出，它是 2016 年全国科普日北京主场的重要活动之一。本次展览主要围绕“航天——放飞中国梦”这一主题，展现了中国航天事业创建 60 周年所取得的科技成果。展览通过主题展览、现场操作、互动体验等多种方式，从国家战略基石、进入空间能力、载人航天工程、空间基础设施、中国探月工程、创造美好生活、自主创新排头兵、建设航天强国 8 个方面展示了航天技术在民用、军事方面的应用。本次展览服务观众 9 万余人次。

4. 无人的力量——无人系统科普展

2017 年 5 月 17 日—6 月 11 日，“无人的力量——无人系统科普展”在中国科技馆短期展厅举办。展览从海、陆、空全方位展示了新兴的无人科技，以及无人科技在军事侦察及军事救援方面的应用。展览展出期间正值“科技工作者日”，中国科技馆策划举办了以“无人操控技术发展历程”为主题的科普讲座，邀请专业飞手团队进行精彩的无人机编队飞行表演，还组织现场小朋友亲自操控无人机进行飞行体验。本次展览参展单位 30 余家，展期 26 天，共服务观众 4.4 万人次。

5. 军事科技与绿色核能展

2017 年 9 月 14 日—10 月 10 日，军事科技与绿色核能展作为 2017 年全国科普日北京主场的重要内容，在中国科技馆短期展厅展出。其中，“军事科技”板块展出了我国当代军事科技在军事领域的应用和成就。本次展览服务观众 3.7 万人次。

（三）巡回展览——中国古代机械展

“中国古代机械展”是中国科技馆自行研制开发的大型巡回展览，展览分为农业机械、纺织机械、交通运输机械、军事机械、天文仪器、生活用具、地震仪器和井盐开采机械 8 个展区，通过互动模型、实物、文物复制品的形式向广大观众展示古人巧夺天工的机械发明。其中，军事机械单元共有 12 件展项，分别为弩、连发弩、三弓床弩、砲车、巢车、折叠桥、幢辒车、撞车、猛火油柜、架火战车、一窝蜂、火龙出水。

（四）主题教育活动

1. 中科馆大讲堂

中国科技馆于 2015 年 1 月创办了“中科馆大讲堂”活动，该活动是一项面向公众特别是青少年，以科普讲座为主，综合采用科学脱口秀、科普看片会、科普阅读会等新颖形式的大型科学传播公益活动。

“中科馆大讲堂”重视国防（军事）科普讲座。2018 年 10 月邀请我国防空导弹武器系统制导控制专家、低空防空导弹武器的主要技术带头人、中国工程院院士钟山做科普报告。在讲座中，钟山院士回顾了他为我国导弹工业发展所做出的贡献，讲述了他在新一代导弹研制中的那些感人故事，激励青少年为实现中国梦而奋斗。

2019 年 4 月 20 日，“中科馆大讲堂”邀请中国科协船舶工程首席科学传播专家田小川做题为“舰艏行处是长城——航母梦、海洋梦、中国梦”的讲座，讲述中国舰船人只争朝夕、锐意进取、拼搏奋斗、科学创新、攻坚克难、协同勇敢的故事，鼓励青少年崇尚科学精神、学习科学知识、掌握科学方法、运用科学思维，从小埋下立志的“种子”，长大成为具有判断力、意志力、幸福力和报效祖国的人才，讲座受众275 人。2019 年 4 月 21 日，“中科馆大讲堂”邀请中国航天系统科学与工程研究院研究员蒋宇平做题为“飞向太空”的讲座，重点介绍中国航天诞生以来的光辉历程和辉煌成就，展望人类未来探索宇宙奥秘的宏伟计划和梦想，讲座受众 266 人。

2. 华夏科技学堂

“华夏科技学堂”是一项面向公众开展中国古代科技系列科普的主题教育活动，其中有两项主题教育活动与国防（军事）科普相关，一是“支上一架炮攻下一座城”主题教育活动，活动通过介绍投石机的发展历程、解释投石机的力学原理、制作并调试投石机，使观众了解投石机的分类与发展以及投石机的机械力学原理；二是“探火龙出水奥秘 看火箭前世今生”教育活动，通过解读火器的发展和火箭的由来以及动手制作和探究实验，使观众了解反冲力作用效果、火药的成分及其燃烧产生的气体、火箭的多级接力和助推器支持等。

（五）其他活动

2015 年 2 月和 5 月，中国数字科技馆网站先后推出“航空母舰面面观”与“舰船大讲堂”两个大型原创科普专题。其中，“航空母舰面面观”专题内容包含：①介绍航母种类、作用、相关科技以及航母发展历程、各国代表航母、航母上的生活等知识的科普文章 70 余篇；②航母 3D 模型，全视角展现航母外观、内部舱室结构以及航母重要系统设备，如弹射/阻拦装置、喷气偏流板、雷达系统等，并辅以文字介绍或演示视频；③航母作战在线游戏；④航母作战微动画等。专题内容丰富、全面，兼具趣味性。“舰船大讲堂”专题包含舰船发展史、舰船构造、舰船科技、舰船分类和各类舰船的各国典型舰只的详细介绍、海上战争等内容，资源形式包含文字、图片和视频。该专题上线后，还摘选了专题的部分内容并制作了大型展板，在中国科技馆一层公共区域进行了短期展览。

2018 年，中国科技馆与原中国船舶集团有限公司第七一四研究所合作策划开发了 3D 军事科普专题“深海杀手，潜艇揭秘”，并于 2018 年 12 月正式上线。该专题包含潜艇的形状、大小、下潜深度、上浮下潜原理、续航换气、制作材料、内外结构、动力形式、行动方式、观通导航系统、潜艇武器以及潜艇的历史和未来等内容，为广大网民详细讲解有关潜艇的科技知识。

自 2018 年下半年开始，中国科技馆策划推出了全新的军事科普直播节目《论剑》。节目与超级大本营军事论坛合作，每周推出一期，每期时长 60 分钟左右，每期邀请 1～2 位军事大咖以及资深“军迷”与主持人榕哥聊军事科技。节目一般选择近期军事热点或重要纪念日为切入点，内容紧扣科普，服务军民两个领域，为“军迷”树立正确的科学观。

仅 2018 年 9—12 月，“论剑”直播节目共上线 21 期，其中包括赴北京古北水镇和珠海航展的外景直播 5 期。在新浪微博和中华网军事及中国数字科技馆等平台播放，总收看量达到 96.5 万人次。

第二节　中国人民革命军事博物馆国防科普活动

中国人民革命军事博物馆是中国第一个综合类军事博物馆。馆藏文物以反映中国人民解放军军事史、中国古近代军事史和世界军事史为主，馆藏特色文物为武器、军服、证章和军事题材艺术品等。现有文物 18 万余件套，其中一级品 1793 件套，包括飞机、大炮、舰船、导弹、枪械、弹药、冷兵器、勋章、证章、印章、钱币、陶器、瓷器、器具、服装、旗帜、文献、笔记等。代表性文物有：秦兵马俑、西汉铁铍、汉代钩镶、隋铜虎符、元至正十一年铜铳、明洪武五年碗口铳、明洪武十年铜铳、明东司房锦字号象牙腰牌、明王忏象牙腰牌、清神威无敌大将军炮、太平天国铁炮、左宗棠印章、丁汝昌战袍、“镇远”舰铁锚、金陵机器局造铜炮、加特林机枪、叶挺北伐战争使用的指挥刀、朱德在南昌起义中使用的手枪、毛泽东送给袁文才的皮裹腿、贺龙的狮钮印章、红军的第一部电台、中央革命军事委员会印章、周恩来的红星奖章、泸定桥铁索、贺龙题写的“兴盛番族”锦幛、黄土岭战斗击毙阿部规秀的迫击炮、杨靖宇的印章、左权的转轮手枪、八路军军工部生产的“八一”式马步枪、侵华日军中国派遣军总司令冈村宁次代表日军投降时呈缴的战刀、我军的第一辆坦克“功臣号”、北平(今北京)城门钥匙、黄继光的朝鲜金星奖章、王海驾驶的米格-15 战机、头门山海战英雄炮艇、U-2 飞机残骸等。

(一)常设展览

军事博物馆分为 6 个主要陈列展区。

(1)中国共产党领导的革命战争陈列。展示中国共产党领导人民军队为推翻三座大山进行的 20 多年(1921—1949 年)波澜壮阔的革命战争史，分为土地革命战争、全国抗日战争和全国解放战争三个部分。

(2)新中国国防和军队建设陈列。展示新中国成立以来人民军队革命化、正规化和现代化建设的历史和取得的辉煌成就，特别是展示人民军队忠实履行使命、保卫和建设祖国的丰功伟绩以及听党指挥、能打胜仗、作风优良的优良传统。

(3)兵器陈列。分负一层、一层和二层三个展区，重点突出人民军队缴获和使用的武器装备，特别是人民军队历史上的功勋武器，力图从一个侧面揭示革命战争年代人民军队以弱胜强、以劣胜优的战斗精神和光荣传统，展示新中国兵器装备从无到有再到强的发展历程。

(4)中国历代军事陈列。以中国历代军事历史的发展演变为脉络，复原中国历代战争实践、兵器装备、军事制度、军事思想等文明成果，凸显中华民族坚贞不屈、自强不息的爱国主义传统，使观众徜徉于博大精深的军事文化之中，探寻中华文明发展的光辉足迹，浸染中华民族优良传统。

(5)军事科技陈列。设置陆军重武器装备技术、陆军轻武器装备技术、海军武器装备技术、空军武器装备技术、导弹武器装备技术、核武器与核技术和平利用等展区。运用现代科技展示方式和手段，介绍国防科技诸军兵种军事技术知识。

(6)红色记忆——馆藏革命军事艺术作品陈列。分油画雕塑和中国画作品等，展示军事博物馆收藏的军内外艺术家的军事题材精品力作，充分展示党领导的人民军队的光辉形象与精神面貌，全面展现人民军队发展建设所取得的丰功伟绩。

(二)主题展览

除基本陈列外，军事博物馆还举办大量的大型主题展览。如近年来举办的"用兵如神——毛泽东军事指挥艺术""历史不能忘记——近代以来中国人民抗击日本侵略展""古田会议——党和军队建设史上的里程碑""中流砥柱——中国共产党及其领导的人民军队抗日战争主题展""英雄史诗不朽丰碑——纪念中国工农红军长征胜利 80 周年主题展览"。特别是 2017 年为庆祝中国人民解放军建军 90 周年承办的"铭记光辉历史 开创强军伟业——庆祝中国人民解放军建军 90 周年主题展览"，陈列面积达 7300 平方米(其中展厅展览面积 5000 平方米，广场展览面积 2300 平方米)，分室内展区和室外武器装备展区两个部分，共展出各种图片 1100 余幅、文物 1300 余件、大型实装 18 件、单兵装备 22 件、艺术品 13 件、景观 7 个、模型 61 件，全面展示了人民军队的辉煌成就，产生了巨大的社会影响。

（三）科普社教工作

中国人民革命军事博物馆十分重视科普社教工作。一方面开拓创新科普形式，专门成立宣传教育室，主要设计并承接科普社教活动，在 2017 年军事博物馆全面升级后更是发挥了科普社教及与观众互动的积极作用。由该馆组织开展独具军事特色的“小小讲解员”夏令营活动，设置了实枪拆解与组装等参与性强的互动环节，吸引了广大青少年朋友的踊跃报名。为使更多的青少年学习了解中国革命历史和兵器知识，每期活动中，军博老师都按计划带领小学员参观中国共产党领导的革命战争陈列，讲解红军爬雪山过草地、强渡大渡河、飞夺泸定桥等红色故事，讲述空军战机、海军舰艇和坦克火炮等兵器知识，播撒革命精神的火种和探寻军事知识的萌动。同时，在传承经典项目的基础上不断进行创新和优化，如新开设的“小小航母设计师”社教课程，借助生动活泼的实物具象组织教学，让青少年在“走进博物馆体验大智慧”中开阔眼界、增长知识。此外，中国人民革命军事博物馆 2019 年还承办了北京市中小学“四个一”活动，结合军博基本陈列内容，尤其是党史、军史、战史和军事科技、武器装备等有关展览，让广大学生了解相关知识，激励传承红色基因。仅 2019 年 9—10 月，海淀区就有 27860 名学生在军事博物馆参加“四个一”学习活动。

另一方面，积极加大科普人才培养和拓展传播渠道，中国人民革命军事博物馆自 2016 年开始筹备军博志愿者工作，2019 年志愿者招募工作已在社会引起较大反响，社会各界人士踊跃报名。2019 年，报名年龄段从 9 岁至 65 岁，涵盖学生、教师、公务员、军工企业退休干部、退伍和转业军人、公司职员、私营业主等社会各界人士。此次报名的志愿者有的是在军工战线奋战多年的退休干部，有的是对军事知识非常了解的资深“军迷”，还有的对革命历史了如指掌。这是中国人民革命军事博物馆改进科普讲解工作的有效举措。

自1985年起，中国人民革命军事博物馆编辑出版月刊《军事史林》，期刊主要介绍军事历史、武器装备、军事艺术等全面反映中外军事发展历程的综合性知识。博物馆在重新开馆后十分重视新媒体科普工作，在官方网站和微信平台都推出了很多科普性、互动性很强的栏目，吸引了大量青少年观众。例如，“兵器谱”系列栏目对军博展出的功勋武器的性能、历史及意义进行了详细解读，是实物展品背后的延伸；“独家”系列栏目以轻松幽默的风格对军博的建设以及展陈背后的故事进行解密；“文物苑”系列栏目以及“宝贝去军博”系列栏目用5分钟以内的视频进行深入浅出、幽默风趣的讲解，受到了广泛好评。

第三节　中国人民解放军海军博物馆国防科普活动

中国人民解放军海军博物馆是中国三大军事博物馆之一，是全国唯一的海军军事主题博物馆，是宣传展示海军历史和成就的平台。所藏文物及展品从一个侧面反映了人民海军从无到有、从小到大、从弱到强、不断壮大的光辉历程。

（一）常设展览

原博物馆室内展厅主要展出古代、近代中国海军、人民海军历史资料图片1200余幅，人民海军各时期的制式服装、衔章、徽章、装具和人民海军与世界各国友好交往中接受的230多件珍贵礼品等。武器装备展区和海上展舰区主要陈列退出海军战斗序列的中小型舰艇、飞机、导弹、舰（岸）炮、水中兵器、观通设备、水陆坦克等。其中重要展品有：周总理检阅驻青岛海军舰艇部队时乘坐的鱼雷快艇；中央军委主席邓小平检阅过的“巨浪一号”潜射弹道导弹；江泽民主席检阅过的“红旗-61B”舰空导弹；海军首任司令员肖劲光大将乘坐过的飞机和红旗轿车；独闯国民党舰艇巢穴的炮艇“解放”号；海军第一代水上飞机。海上展舰区设在小青岛港区，展示了人民海军第一艘驱逐舰“鞍山”号（舷号 101）和舰空导弹护卫舰“鹰潭”号（舷号 531）。

（二）构建一体化科普教育模式

1. 集智攻关，打造爱国主义教育的精品教材

为进一步提升爱国主义教育的广度和深度，奠定爱国主义教育的坚实基础，海军博物馆先后组织全军 20 多位史学专家，编撰出版《海军常识》《中国古代海军》《海军武器装备大扫描》等系列文化丛书，作为爱国主义教育和知海军、爱海军、强海军的基础教材，成为前来研学的近万名全国中小学生的口袋书，使海洋观念、海军历史、海军知识走进千家万户。目前，《中国近代海军》《中国当代海军》等史学专著正在紧张编撰之中。

2. 科学布展，呈现海军建设发展的清晰脉络

为使广大观众清晰感受人民海军从无到有、从小到大、从弱变强的发展历程，切身体验强军梦的真实感、强国梦的幸福感，按照“区域分类、类中有序、序中带史、以史明志”的展陈原则，海军博物馆将 200 余件海军武器装备有序展陈，智能引导观众在参观游览中自觉了解水面舰艇部队、潜艇部队、航空兵部队、岸防部队和海军陆战队等海军五大兵种的装备和知识。

3. 深化设计，凝练海军特色文化的经典产品

为充分挖掘海军博物馆现有资源，拓展海军装备文物的育人功能，通过走访部队、查阅档案、家访老兵、举办纪念活动等形式，海军博物馆先后对鞍山舰、济南舰、401 核潜艇征集史料 20 多万字、图片

1000多张、纪念物品300多件,对海上展区的水面舰艇和潜艇各个舱室进行纪念性、直观性、真实性、知识性布展,深化展陈设计,强化教育功能,取得良好效果。中央电视台2019年8月组织8名品学兼优的中小学生代表在401核潜艇7舱体验性居住,并在军事频道现场直播,引起热烈反响并赢得广泛赞誉。

4. 举旗铸魂,建设强化组织功能的红色阵地

为弘扬“军队党建工作走在全社会前列”的优良传统,践行军民融合发展的科学理念,海军博物馆与青岛市旅游局、市南区委宣传部、青岛崂山区投资服务促进局、青岛远洋船员学院、青岛工学院、青岛盲校、青岛市第39中学、嘉峪关小学、青岛薛家岛小学等24家单位开展50余次军民共建活动,包括组织新党员在舰艇甲板主炮前举拳宣誓、组织共青团员在舰艇会议室开展团日活动、组织少先队员在功勋舰艇前列队行礼,使海军博物馆成为地方党团组织和少先队开展党日、团日、队日活动的最佳场所。

5. 凝神聚气,筑起知军爱军强军的前沿阵地

为助力海军部队思想政治工作的有效开展,激发部队官兵爱军习武的政治热情,海军博物馆先后与北海舰队、海军航空大学、海军潜艇学院等新兵训练单位建立新兵共育战略合作协议,每年组织5000多名新兵来海军博物馆参观见学,进行海军传统的专题授课,开展海军知识的专题讲解,组织海军武器装备的系统参观,讲述海军建设发展的历史渊源,提升广大新兵对海军的认同感,不断强化广大新兵对海军的归属感,把海军博物馆建设成为新兵入伍教育的前沿阵地。

6. 强基固本,构建全国中小学生的研学阵地

为切实履行全国中小学生研学实践基地的职能任务,组织实施研学教育“五个工程”,海军博物馆先后编撰完成系列海军历史教材,制作16个海军历史课件,印制21块人民海军历史成就展牌,建立37人的授课辅导员队伍,设立可容纳150人的国防教育大课堂。

7. 搞好顶层设计，提升爱国教育的整体水平

在进一步做好海上展区和陆上展区宣展工作的基础上，海军博物馆将德国海军军官俱乐部旧址（51号楼）作为专题展馆，以青岛百年史为背景，以欧洲列强侵华史和人民海军建设史为主要内容，开展“中国海军与青岛”专题展陈，客观展示中国海军从苦难走向辉煌的奋进历程；将海阳路宋庆龄故居作为专题展馆，留住名人足迹，讲好中国故事；将37号楼和广西路36号楼作为全国中小学生研学教育地点，强化海军博物馆研学营地的功能和地位；分别将56号楼、57号楼、58号楼作为国防教育培训中心、海军博物馆建设发展历史展陈中心、学术编研和文物修复基地，完善博物馆的整体功能。

8. 创新方法措施，增强宣传教育的质量效益

充分挖掘海域展区的水面舰艇和核潜艇等特有的文物装备宣教潜力，舰艇内部尽最大可能恢复居住餐饮条件，舰艇外部设置操炮、打绳结、攀软梯等海军特色科目比赛，将100余亩的空闲海域建成军味、战味浓厚的舰模比赛阵地，设置舰艇、操作潜艇、航行红蓝对抗的VR体验区，与甲午战争博物馆、一战遗址公园、孟良崮战役博物馆等反映近代当代战史的相关单位建立爱国主义教育战略合作伙伴，真正实现集授课、参观、军训、体验于一身的一站式、一体化教育功能，让爱国主义教育在寓教于乐中拓宽广度、迈向深度、达到高度。

第四节 中国航空博物馆国防科普活动

中国航空博物馆是世界排名前5位、亚洲最大航空专业博物馆。自正式对外开放以来，已接待国内外观众2150余万人次。目前收藏148个型号的312架飞机及导弹、雷达、高炮、航空炸弹等各类武器装备样品15000余件，其中国家一级飞机文物106架，属世界珍品。

(一)常设展览

中国航空博物馆展览主要由室外展区、雕塑景观工程、室内展区3个部分组成。下面主要介绍室外及室内展区情况:

1. 室外展区

航空博物馆室外展区主要有馆标区、伟人座机展区、歼-6飞机展区、轰炸机与特种飞机展区、战斗机展区、直升机展区、运输机展区、地面防空装备展区等。

馆标区是该馆标志性区域,一架真实的呈起飞态势的歼-12飞机与底座构成了馆标,其两侧依次陈列着红旗-7、红旗-12和红旗-9三型地空导弹、59式100毫米高射炮,以及引-7雷达。

伟人座机展区展出了4架毛主席等老一辈领导人乘坐过的专机。第一架里-2(8205号)是毛主席第一次乘坐的空军专机;第二架伊尔-14(4202号)是毛主席多次乘坐过的专机,其内部陈设仍保持毛主席当年使用时的原样;第三架“子爵”号是周恩来总理乘坐过的飞机;第四架伊尔-18飞机(B-230)是毛主席一生中最后一次乘坐的飞机。

歼-6飞机展区系列展出了人民空军曾装备的歼-6飞机。歼-6飞机是我国20世纪50年代后期研制的超声速喷气式歼击机,伴随人民空军成长近半个世纪,是守卫祖国蓝天的忠诚卫士。除歼-6I型外,主场馆基本全系列展示了该型飞机。

轰炸机与特种飞机展区展出的主要为图-2、图-4、轰-6、“空警1号”预警机、高空无人驾驶侦察机投放母机、轰-5、水轰-5和国际奥比斯组织赠送给我国的由DC-8型喷气式客机改装而成的“眼科飞行医院”飞机等。

战斗机展区展出的主要为我军曾经装备过或现役的歼击机和强击机,具体有米格-15、歼-5、歼-6、歼-7、歼-8和强-5等。

运输机展区展出的主要包括接送邓小平出席联合国大会第六届特别会议的伊尔-62飞机、参加过驼峰空运的C-46飞机、开辟拉萨航线的C-47飞机、作为周总理和陈毅副总理专机出访非洲和参加第二次亚非会议的伊尔-18飞机、参与“两航”起义的康维尔-240飞机、我国自行研制的轻型多用途运输机运-11、首次完成环球飞行的国产运输机运-12等。

2. 室内展区

中国航空博物馆洞库展厅占地面积23440平方米。共布设了“空军成立70周年展”“中国航空展”“航空发动机展”“文物飞机珍品展”等多项展览。

空军成立70周年展主要讲述了孕育于革命战争年代、创建于新中国成立之初的人民空军,在70年波澜壮阔的战斗历程中发展壮大,成长为一支多兵种、高技术、具有现代作战能力的战略性军种,为保卫社会主义建设和改革事业,维护国家主权安全和发展利益做出了卓越贡献。展览分为“蓝天铸忠诚”和“奋飞新时代”两个展区。展出各型飞机9架,图片和实物1500余件。

中国航空展浓缩百年来中国一代又一代航空人的奋斗史。展现了中国航空科技与装备、航空武装力量、民用航空事业的发展历程。旨在弘扬航空报国精神,普及航空知识,推动中国航空事业新百年的发展,书写中华民族蓝天史诗崭新的篇章。整个展览共分起步篇、长城篇、造福篇、经纬篇、未来篇五部分。

航空发动机展展出了我国自行研制或引进的各型发动机,并在展板中用图文讲述了发动机的基础知识与部分重点型号发动机背后的故事。

飞机文物珍品展荟萃了近现代经典飞机,反映了近代航空历史的辉煌。其中很多飞机是航空珍品,如美国研制生产的F-5A、F-5F、F-104;法国研制生产的幻影Ⅲ;苏联研制生产的米格-23、米-24D等战斗机和直升机。

(二)其他科普社教活动

过去30年,中国航空博物馆以丰富的馆藏资源为载体,协助中央、地方及空军媒体来馆拍摄《伞兵魂》《飞行少年》等多部红色影视节目,通过寓教于乐的教育方式宣传空军英雄事迹和光辉形象,激发广大人民群众的爱国热情。充分发挥"三大基地"作用,配合北京市教委、旅游委开展"军营一日游""红色旅游"等活动,与学校联合开办社会大课堂,依托展览开展了"校外教育""党日活动"等丰富多彩的活动。

1. 在法定节假日和寒暑假策划实施特色科普活动

如举办航空科普夏令营,针对喜欢航空科普的学生,每年暑假在航空博物馆开展为期一周的夏令营活动,通过参观展览、举行航空科普讲座、观看航空历史影片,尤其是宣传中国航空和人民空军发展史等内容,普及航空知识,增强广大学生的爱国意识和国防意识,培养学生的意志品质。

2. 面向不同公众需求策划实施特色科普活动

结合2019年"赞颂辉煌成就,军民同心筑梦"主题,组织开展"祭奠空军英烈""重温党员誓词"等活动并向社会公众开放。同时,开展军营一日特色教育活动,活动内容包括军人队列训练、参观内务、讲述抗战历史等特色活动。根据中小学计划,组织在蓝天魂广场举办入队(团)主题活动,举行入队(团)宣誓仪式;参观英模、英烈墙;聆听讲解人员讲述具有代表性的英雄事迹。

(三)科普项目

2018年,航空博物馆联合各高校及研究院所在综合展馆发起了"追寻空军梦"科普资源包的科普项目,参加人数达33762人。该项目主要依附航博丰富的空军实物资源，以及场景沙盘和视频资料，面向中小学生开展人民空军发展历史的知识普及和讲解推广。项目通过丰富多彩、多重角度、不拘一格的科普教育实践活动，达到了教育社会、提升全民科普素养的目的。

活动一方面通过参观具有代表意义的飞机藏品场景沙盘、观看视频资料、聆听专家讲座、DIY 航模，让学生了解空军发展历史知识；另一方面通过参观“空军装备发展历程”“飞机原理结构科普展”“方寸之间展航迹——中国航空主题邮票专题展”等展览，近距离接触空军元素，使学生们初步了解人民空军装备发展历程和空军发展史。在具体操作上，以 30 人为一组观看 60 周年国庆阅兵，并组织专家学者讲述航空航天领域基础知识，使学生们了解掌握航空航天飞行基本原理、飞行安全知识和当今世界航空航天科技、发动机等前沿信息；按照科普教材，以 10 人为一组，为学生讲授航模基础知识及航模基本飞行技能，学生们利用所提供的制作工具和素材充分发挥主观能动性，在规定的时间内完成自己的航模 DIY 项目。

第五节　涉海博物馆国防科普活动

（一）蓬莱古船博物馆

蓬莱古船博物馆是在发掘遗址上建设的专题性博物馆，是我国陈列古船数量最多、种类最丰富的古船博物馆，同时也是我国唯一陈列有外国古船的博物馆。古船馆占地面积 8503 平方米，2012 年对外开放，馆内主要陈列了在水城小海清淤出土的四艘古船和大量的出土文物。古船博物馆自开馆以来，发挥社会教育功能，积极开展各类科普和教育活动，先后与蓬莱市第二实验中学、蓬莱市第二实验小学、济南大学泉城学院、蓬莱市易三小学、蓬莱一中等开展社会实践及研学活动，探索蓬莱古船、登州古港与东方海上丝绸之路的兴衰。

（二）防城港市博物馆

防城港市博物馆又名北部湾海洋文化博物馆，占地面积42亩，建筑面积15975平方米，展览面积约7000平方米，是一座以本土历史及民族民俗为主题、兼以展示北部湾海洋文化的综合性地级市博物馆，于2017年9月30日建成开放。基本展览由“神奇斑斓的海洋生态”“璀璨多姿的海洋文化”“悠久丰厚的防城港历史与民俗”“边风·海俗·山韵——防城港非物质文化遗产”四部分组成。作为该市的爱国主义教育基地，博物馆充分发挥第二课堂作用，定期或不定期地举办形式多样的以海权、海防为特点的国防教育、社会教育、海洋科普等活动。

（三）福建平潭综合试验区海坛海防博物馆

海坛海防博物馆作为新兴的科普教育基地，以平潭的海防文化为核心设计展馆，客观展示了平潭海防力量发展历程，记述了平潭在不同历史时期对中国海洋防御的重要作用，记录了平潭将士为保卫海疆所做出的突出贡献。

自2018年7月14日开馆以来，馆内的海防科普活动受众涵盖普通民众、政务部门、军人、文化界人士、广大青少年等诸多群体，接待参观人员多达万人。面向全国最高检察院、福建省文化厅、国家发改委国资委、洛阳政协、福州马尾政府、厦门旅发委、国土局、银监局等多个政务部门人员及军人团体多次开展专项科普教育。同时，为平潭综合试验区内中小学生开展了“战船模型拼装”“海洋寻宝”“穿战服，学海防”等多项科普活动。

（四）深圳大学海洋艺术研究中心暨深圳大学海洋艺术研究中心邮轮母港活动基地

深圳大学海洋艺术研究中心于2014年成立，是中国首家以海洋艺术为核心的中国海洋文化研究机构，承担了文化部、教育部、国家艺术基金等委托的多项关于海洋艺术文化和海洋国防教育的研究课题，开展了多项以海洋国防为主题的专项展览，出版了多部海洋海防专著，建设有中外海洋艺术和海战绘画国际化数据库。同时，通过举办海洋绘画展、海图展、船模展、历史文献展、海洋国防教育培训、编制海洋国防书籍等形式，多方面推动海洋知识创新和全民海洋文化认知。在海洋国防文化的宣传建设中，深圳大学海洋艺术研究中心联合深圳市蛇口邮轮母港建立了深圳大学海洋艺术研究中心邮轮母港活动基地，开展了一系列声势浩大的海防科普活动，包括海防专题展览、海防主题亲子活动、海防主题模型大赛、海洋海防主题讲座等。2020年6月8日，时逢第十二个“世界海洋日”暨第十三个“全国海洋宣传日”“南山儿童科普联盟”成员单位授牌仪式在深圳大学海洋艺术研究中心举行。

（五）聊城中国运河文化博物馆

聊城中国运河文化博物馆是集文物收藏、保护、研究、陈列、宣传教育于一体的大型专题博物馆，占地面积10000平方米，建筑面积16000平方米，陈列面积7000平方米。自2009年5月1日开馆并免费开放以来，共举办各类科普展览40余个、科普讲座20余场，组织开展各类科普活动30余项，接待中外观众达240万余人次，其中35%为青少年学生。作为“全国科普教育基地”“四星级山东省科普教育基地”“全省优秀社区科普团队”“省级社会科学普及教育基地”，以及青岛科技大学、聊城大学、北京林业大学等国内六所知名院校“传统文化教育和社会实践基地”，聊城中国运河文化博物馆高度重视科普教育工作，致力于建设贴近实际、贴近生活、贴近群众的科普平台，并于 2015 年 6 月被中国科学技术协会命名为“全国科普教育基地”。

（六）鸦片战争博物馆

依托林则徐销烟池与虎门炮台旧址的鸦片战争博物馆，由虎门林则徐纪念馆海战博物馆、沙角炮台管理所和威远炮台管理所组成，是一座纪念性和遗址性相结合的专题博物馆，面积达 80 万平方米，负责保护林则徐销烟池与虎门炮台旧址，收集、研究林则徐虎门销烟及鸦片战争历史，近几年每年接待观众 550 万人次。该馆吸纳了历史最新学术研究成果，着力打造了“虎门销烟”“鸦片战争”等内容新颖、展品独特的基本陈列，以全新的面貌呈现给广大的观众，将国防教育活动从静态向动态转变、从馆内向馆外延伸、从独立到合作拓展，探索出了一条“以文物资源为依托，以特色活动为突破，以流动博物馆为载体，以基地共建为平台”的宣教创新之路，并依托丰富厚重的历史资源开展形式多样的社会教育活动，充分发挥了国防教育基地的功能作用。

该馆在沙角保卫战纪念日、虎门海战纪念日、清明节、“5·18”国际博物馆日、“6·3”虎门销烟日等时间段开展了多种形式的国防教育活动，逐步形成品牌效应。每逢 1 月 7 日“沙角保卫战”纪念日、2 月 26 日“虎门海战”纪念日，该馆都会组织“重温历史缅怀先烈”主题活动，并相继开展了“青山不老浩气长存”——纪念沙角之战殉国将士诗歌朗诵会；“不能忘却的历史”——纪念虎门海战歌咏会；“穿越时空的对话”——纪念沙角海战情景朗诵会；“重走古炮台，再寻英烈魂”——百人单车行；“沙角之战百米长卷”少儿绘画等多种形式的国防教育活动。

“清明赋”纪念活动已经连续举办了 10 年，该活动通过诗歌朗诵、合唱、历史剧表演、默哀、献花等形式向民族英雄致敬、为民族英雄咏颂。此外，清明主题活动还包括对义勇之家、节兵义坟、威远南山义冢等烈士纪念地祭扫，鸦片战争博物馆网上祭奠等多种形式，尤其是网上祭奠活动带动了不少网友在网上为烈士敬献鲜花、祭酒、撰写祭语，以此寄托哀思，表达自己对民族先烈的缅怀之意。

针对青少年的近代史第一课教育，该馆策划了“重走鸦片战争古战场”——小小清兵体验营活动，通过国防教育、历史教育、实地军事训练、户外拓展、民俗体验等寓教于乐的活动形式，让青少年在鸦片战争古战场亲身体验当年官兵们战斗环境的艰苦，深刻了解官兵们反抗外来侵略的民族精神，强化民族认同感，增强爱国情怀。

此外，每逢这些纪念日，许多学校都会组织学生来这里体验中国近代史的第一课，许多部队官兵、企事业单位员工来这里进行政治教育，许多党、团员组织来这里举行入党、入团宣誓仪式。

第六节　天津科学技术馆国防科普活动

天津科学技术馆作为全国爱国主义教育基地，是天津市大型公益性科普设施，坐落在市文化中心区，馆区建筑面积 18000 平方米，常设展厅 10000 平方米，分上下两层共七大展区，共有 300 多件(套)展品，1995 年正式对外开放。自建馆之初，即在交通与航天展区设有长征系列运载火箭、“东方红一号”卫星、黑匣子、歼-8 Ⅱ 战斗机模型等展示我国航空航天及军事领域辉煌成就的常设展品。2018 年，交通与航天展区改造为飞天之梦展区，规划有飞天逐梦、领驭长空、深空探测、无限探索 4 个部分，新增或更新了“中国大火箭”“我是宇航员”“漫游中国空间站”“中国探月工程”“卫星定位”等 23 件(套)展项。通过机电互动、多媒体交互、增强现实、虚拟现实等多种互动手段，展示了我国载人航天、月球探测、北斗导航系统三大工程及国防军事其他领域的飞速发展和取得的巨大成就,深受观众欢迎。

2001年,增设主题展厅,即与在国内军事模型制作领域有很高声望的严长峰先生合作,引进了曾在南京雨花台展览中心和北京中国少年儿童活动中心成功展出过的“世界著名兵器模型展”,积极向广大公众开展国防军事爱国主义教育。2001—2006年,“世界著名兵器模型展”展品经数次丰富更新,多次在天津科学技术馆主题展厅内展出,展品最多时曾达到1000余件。其中,第二次世界大战中日本签署投降书的美国“密苏里”号战列舰,我国曾经的主力战机苏-27、歼-7,中国抗美援朝取得辉煌战果的米格-15、米格-17战斗机,以及我国的98式主战坦克等模型更是受到了大家的喜爱。很多青少年朋友观展时,还在严长峰先生的指导下动手制作了自己喜爱的军事模型,激发了广大青少年对军事科学的兴趣。2003—2008年,该展览曾经到山西省大同市、辽宁省葫芦岛市、山东省济南市巡展,总计接待观众十余万人次。2003年10月17日,航天员杨利伟搭载我国第一艘载人飞船“神舟五号”顺利完成我国首次载人航天任务安全返回的次日,天津科学技术馆立即在主题展厅设计展出了“飞天之梦——我国航天科技事业辉煌历程科普展”,及时响应广大公众对我国航天科技领域的科普需求。展览通过人类为实现飞天之梦的努力、我国航天事业发展历程、“神舟”飞船、我国载人航天工程发展、航天事业的意义与展望等内容的展示,向广大公众进行国防科普教育,得到了广大公众的热烈响应,短短几天时间,观众人数就超过1万人。同年,结合“飞天之梦——我国航天科技事业辉煌历程科普展”推出系列科普活动;结合“世界著名兵器模型展”设计制作了世界著名兵器卡片,吸引了军事科学爱好者争相购买。后来,还按照在天津滨海新区泰达航母主题公园展出的“基辅号”航空母舰原型设计了航空母舰纸模。

第七节 成都立巢航空博物馆国防科普活动

值得注意的是，出于对国防事业和军事科技的热爱，一些民间资深军事爱好者创办了一些军事博物馆。这些私人军事博物馆创办人在创办伊始便显示出了很好的军事科技、军事历史素养，在布展、组织活动方面展现了高度的热忱和创新精神。其中最为突出的当属成都的立巢航空博物馆。该馆是国内首家民营航空博物馆，展馆面积约为2000平方米，在极其有限的空间里容纳了丰富的内容，涵盖航空历史、武器装备、设备器材、飞行技术等各个方面。与其他一些博物馆最大的区别在于，成都立巢航空博物馆并没有简单地将展品当作文物，把展品和观众隔绝开，而是将产品作为教具，通过沉浸式展示，吸引观众亲身触摸和操作部分展品，体验飞行、伞降等活动的乐趣。博物馆的文创产品同样具有航空文化特色和艺术品位。通过与电视台、教育机构、国内外航空公司合作，成都立巢博物馆已经举办过多次主题活动，真正体现了一个博物馆应有的展示、教育、文化传播价值。全国国防科普教育基地见表14。

表14 全国国防科普教育基地一览表(按行业排序)

序号	行业	类别	单位名称	基地名称	地区
1	山西省	历史文化	淮海工业集团有限公司、黎城太行山旅游发展公司	黄崖洞兵工厂旧址群	山西
2	江西省	历史文化	兴国县官田兵工厂	中央兵工厂旧址群	江西
3	江西省	科学知识	核工业地质局二六一大队	相山核地质科技文化园	江西
4	山东省	人物	荣成博物馆	荣成市郭永怀事迹陈列馆	山东
5	四川省	历史文化	梓潼两弹城红色旅游开发有限公司	“两弹城”景区	四川
6	青海省	历史文化	海北藏族自治州政府	中国原子城旧址	青海

续表

序号	行业	类别	单位名称	基地名称	地区
7	核工业	科学知识	秦山核电厂	秦山核电教育基地	浙江
8		历史文化	404 厂	厂史展览馆	甘肃
9		历史文化	504 厂	爱国主义教育馆	甘肃
10		科学知识	中国原子能院	核工业科技馆	北京
11	航天科技	历史文化	第一研究院	中华航天博物馆	北京
12		人物	第一研究院 15 所	吴运铎事迹展室	北京
13		科学知识	第五研究院	北京航天城展馆	北京
14		科学知识	第五研究院 513 所	山东航天科技展馆	山东
15		历史文化	第七研究院	长征机械厂旧址	四川
16		科学知识	第四研究院	航天科技四院展览馆	陕西
17		科学知识	第六研究院	航天科技六院展览馆	陕西
18	航天科工	历史文化	第六研究院	航天精神教育基地	内蒙古
19		科学知识	南京晨光公司	“1865”科技·创意产业园	江苏
20		历史文化	中国航天三江集团公司	066 基地历史博物馆	湖北
21	中航工业	历史文化	沈飞集团公司	沈飞航空博览园	辽宁
22		历史文化	江西洪都航空工业集团有限公司	洪都厂史陈列馆和洪都少年军校	江西
23		历史文化	陕西飞机制造公司	三线文化教育基地	陕西
24		历史文化	西飞集团公司	西飞航空文化园	陕西
25	船舶工业	历史文化	江南造船（集团）有限责任公司	江南造船博物馆及江南造船展示馆	上海
26		历史文化	广州中船黄埔造船有限公司	军工文化教育园	广东
27	中船重工	科学知识	山西汾西重工有限责任公司	汾西重工展览馆	山西
28	兵器工业	历史文化	淮海工业集团有限公司	“刘伯承”工厂旧址	山西
29		历史文化	山西北方机械有限责任公司	军工文化区	山西
30		历史文化	内蒙古北方重工公司	北方兵器城	内蒙古
31		科学知识	华安公司	华安试验基地	黑龙江
32		历史文化	山东特种工业集团有限公司	山东人民兵工文化教育基地	山东
33		历史文化	江山重工有限责任公司	襄阳总部“军工文化展示厅”	湖北
34		历史文化	第二二研究所	吴运铎纪念馆	陕西
35		教育基地	第 051 基地	陕西兵器游乐世界	陕西

续表

序号	行业	类别	单位名称	基地名称	地区
36	兵器装备	科学知识	第二〇八研究所	轻武器博物馆	北京
37		历史文化	长安工业有限责任公司	长安工业展览馆	重庆
38	中国电科	科学知识	国际贸易有限公司	中国电科对外展示中心	北京
39	中国航发	历史文化	哈尔滨东安发动机有限公司	东安厂史展览馆	黑龙江
40		历史文化	贵州黎阳航空发动机公司	黎阳展馆	贵州
41	中物院	历史文化	中国工程物理研究院	科学技术馆	四川
42	军工高校	历史文化	沈阳航空航天大学	航空航天文化博览园	辽宁
43		人物	长春理工大学	王大珩展览馆	吉林
44		科学文化	哈尔滨工业大学	哈工大航天园	黑龙江
45		历史文化	哈尔滨工程大学	哈军工文化园	黑龙江
46		历史文化	南京航空航天大学	南京航空航天馆	江苏
47		历史文化	南京理工大学	兵器博物馆	江苏
48	军工高校	历史文化	东华理工大学	核地学教育科技文化园	江西
49		历史文化	南昌航空大学	航空国防教育文化园	江西
50		历史文化	河南工业职业技术学院	军育苑教育基地	河南
51		历史文化	南华大学	核科技文化园	湖南
		历史文化	陕西国防工业职业技术学院	国防科技教育基地	陕西
52	部队军企	历史文化	南海舰队广州黄埔港务局船舶修造厂	海军黄埔博览馆	广东

第四章　国防科普实践案例

第一节　中国科协创新融合学会联合体及各学会国防科普活动

2015年，中国兵工学会、中国航空学会、中国造船工程学会、中国核学会、中国宇航学会和中国电子学会等6个学会联合成立国防科技社团联盟；2016年6月28日，在吸收中国仪器仪表学会和中国复合材料学会的基础上，成立了中国科协军民融合学会联合体，现更名为中国科协创新融合学会联合体（以下简称“联合体”）。

在中国科协的统一指挥下，联合体开展了声势浩大的国防科普活动。2017年3月底，联合体组织党员专家先后在陕西汉中，江西德兴，广西桂林、梧州、贺州，黑龙江哈尔滨和黑河，山东聊城、潍坊及烟台等地开展了5次大规模国防科普教育进校园的主题活动，共组织党员专家近260人次为33所中小学的100600余名中小学生送去科普报告57场、专业航模表演33场，共捐赠图书11300册、航模11740架，有12600名中小学生在专家的指导下完成了航模制作与放飞。

（一）中国航空学会国防科普活动

中国航空学会成立于1964年，是我国航空航天领域成立最早、最具影响力的全国5A级科技社团。近年来，学会按照中国科协的工作部署和学会“十四五”发展规划要求，紧密围绕建设世界科技强国的宏伟目标，瞄准世界一流水平，不断总结发展经验和工作规律，积极探索新的科普方式和有效途径，集中整合社会资源，努力拓展业务范围，积极推动航空科普文化建设，取得了一定的成绩。

1. 与地方政府展开合作，着力培育知名航空科普文化品牌，带动产业发展

2015年，中国航空学会与浙江省安吉县政府开展合作，签订合作协议，每年举办“国际无人飞行器创新大奖赛”，目的是促进科技创新、普及航空知识、培育航空创新文化、提高国民航空意识，至今已成功举办7届，吸引了国内外近400支创新团队积极参与。大奖赛已发展为国际知名、国内最具影响力的航空科技创新品牌赛事，同时成为广大航空科技工作者和航空爱好者展示科技创新成果、展现团队科技创新能力、进行创新交流的重要平台。为增强赛事影响力、促进地方经济发展，每届大赛期间还举办国际航模大师秀、航空创新展、专业论坛、科普互动等活动，共吸引近100万观众，通过央视、网络等形式的宣传吸引了上千万人次关注。

2017年，学会与山东荣成市签订合作协议，共同开展国际喷气航模活动。活动已成功举办3届，其中2018年举办的“国际喷气模型编队大师赛”和面向公众开展的航空科普活动，社会效果非常显著，有近50名国际人士参赛，参与活动人数累计10万余人次，央视CCTV1、CCTV4、CCTV5、CCTV13以及各主流媒体、抖音视频均予以大量报道，微信浏览量超过1000万。2019年10月举办了规模更大的“世界喷气模型大师赛”有10余个国家的200余名国际人士参赛，活动

内容丰富多彩。同时，荣成市政府在所属的60余所中、小学校中大力开展航空特色教育，并逐步扩大活动内容，提升青少年对航空的认知。

2019年起学会与江西省政府等单位联合主办“中国航空产业大会”。每届均有来自全国各地的1000余人参加大会。大会内容丰富饱满，特色鲜明突出，主要由大会报告、院士专家座谈对接会、不同领域的航空主题论坛、航空主题展组成，是航空领域规模最大、层次最高、内容最为丰富的综合性活动。该大会经过2年的举办，已有一定的社会影响力，受到多方的关注和好评，尤其是江西省政府的高度认可，拟于2021年在南昌继续举办。

2. 以提供更好的科普产品为目标，精心打造航空科普品牌

2020年，学会举办的“全国青少年无人机大赛”入选教育部的“2020—2021学年面向中小学生开展的全国性竞赛活动名单”，是35项全国性竞赛活动中唯一一项被教育部批准的航空航天领域针对青少年开展的赛事活动。大赛已成功举办4届，是我国青少年教育领域领先的最具权威性、专业性、影响力的无人机赛事，受到多位院士、专家、学者及社会各界的广泛关注及好评。大赛主要考核参赛选手的动手能力、操控能力、空间判断能力、仪表飞行能力、编程能力、创造能力、团队合作能力等，全面涵盖了STAEM教育的能力要求。今年国赛将于2021年7月15—18日在上海举办。

自2016年起，学会每年举办中国航空创新创业大赛，已连续成功举办5届，旨在汇聚国内最具潜力的航空产业项目、挖掘顶尖创新创业人才、发现重大突破性技术创业明星企业，5年来共征集作品近千个。为确保赛事作品质量，赛事从空天动力、新材智造、智慧民航、无人系统四大赛道征集优秀项目分别评审，采用淘汰制各评选出10个获奖项目进入复赛，决赛通过公开路演、竞技，评选出获胜者，该项赛事已发展成学会的重要品牌赛事，成为航空科技创新企业主要的展示平台。5年来近1000个航空创新创业项目参赛，共有210个项目

获奖,部分项目获得政府支持产业落地。

学会每两年举办一次“创新杯”全国未来飞行器设计大赛。该赛事自 2006 年创办以来已成功举办 8 届,每届收到作品 5000 多幅,获奖人员 60 多人,其中获一等奖的作者在珠海参加了学会组织的颁奖典礼。大赛以其新颖、独特的运作方式,吸引了广大航空专业人士和航空爱好者踊跃参与,范围波及全国,参赛人员众多,备受航空业界人士的普遍关注。每届作品的提交质量均有大幅提升,作者通过大赛将自己所掌握的航空方面的最新知识与创新性的思维一起融入作品,提高了作品竞争力和视觉效果。大赛经过学会的努力,影响力持续上升。

2020 年首次举办“洪都杯——2020 未来飞行器设计大赛”。该赛是新开发的赛事,由洪都航空工业集团与学会共同主办。大赛的主题为“面向 2035 年的军事应用场景,设计一款新一代的固定翼攻击机”,面向的对象为航空专业人士和爱好者。

2012 年起学会与美国国际无人机系统协会合作,共同主办“国际空中机器人大赛(亚太赛区)”,该赛主要面向亚太地区各国大学生,每年与美国同期举办一次,是国际比较有影响力的赛事。该赛以任务为导向引领大学们在新的科技领域不断地探索完成目标任务,目前已经进入第 8 代任务。

3. 针对社会公众和青少年,开展丰富多彩航空科普活动

2016 年、2017 年联合空军举办“全国航空科普文化月”,组织科普进中小学、科普进大学、军营开放、航空知识大赛等活动,两年共走进 15 个省市自治区的 300 多所中小学、35 所大学和 20 个军营,举办了 300 余场科普活动,参与专家 550 余人次,直接参与活动的中小学生 15 万余人次,共赠送 1.5 万架航空模型、150 套模拟飞行套材和 5000 余册科普图书。在荣成市和张家口市分别举办了“唱响蓝天”歌咏汇演,邀请空政歌舞团著名演员参演。

2016 年、2017 年分别举办“全国航空知识网络大赛”“全国通航

日——航空知识网络有奖竞答”“航空直升机知识网络大赛”“航空无人机知识网络大赛”等系列活动，总关注人次上百万，总答题人数超 20 万。

每年举办“蓝天飞梦——全国青少年模拟飞行大赛”，设置个人赛及团体赛，每项比赛又分小学、初中、高中、大学等组别，并通过预赛和决赛确定名次。来自全国 14 个省市自治区的 200 余支队伍共计 3000 余人参赛。

2020 年 9 月与中国科协航空发动机产学联合体合办的“航空心·中国行——2020 航空发动机科普进校园公益活动(江西行)”分别在南昌和景德镇两地举办。共走进 10 所学校，其中大学 3 所，中学 2 所，小学 5 所。共捐赠航空模型 1680 架，航空科普图书近 500 册，航空科普展板 100 余套。共有 5000 多名大中小学生直接受益。

2021 年，联合体组织参与“广西国防科普暨民族团结进步知识进校园主题教育活动”，其间，来自部队、国防工业、高校、纺织、机械领域代表及科普专业机构的 70 余位专家、志愿者先后深入龙胜各族自治县、平南县的 8 所中小学校及两县党政机关，举办国防形势、民族团结进步报告会及国防科普知识讲座 40 余场次；开展航模制作教学近百课时，航模飞行表演 8 场次，1 万多名师生及近千名党员干部受益。国防科普知识进校园活动，在同学们幼小的心灵中埋下一颗航空的种子(图 30)。

4. 完善青少年航空教育体系，推进创新人才培育

中国航空学会长期以来一直在全国中小学校全面开展青少年无人机和模拟飞行活动，鉴于无人机和模拟飞行的相关知识复杂而有难度，青少年学习认知能力也存在年龄差异，为引导青少年循序渐进系统地学习，学会在多位教育专家和航空领域专家的共同指导帮助下制定《全国青少年无人机科学素质等级考试标准》和《全国青少年模拟飞行科学素质等级考试标准》，并于 2020 年 6 月 10 日向社会公布实施。逐渐开展线上和线下相结合的考试标准及等级认证活动。

图 30　2021 年联合体组织参与“广西国防科普暨民族团结进步知识进校园主题教育活动”

学会在全国开展航空特色学校、航空科普教育定点单位、航空科普教育基地建设。目前拥有省级航空特色学校总数达 500 余所；全国航空特色学校 158 所；全国航空特色学校示范校 16 所；航空科普教育定点单位 13 个；航空科普教育基地 18 个。

为支持学校开展航空科普活动，学会多年来分别在广州、南京、西安、北京、上海等地开展科技教师培训工作，每年有几百名科技教师参加培训。

（二）中国宇航学会国防科普活动

中国宇航学会成立于 1979 年 10 月，是由钱学森、任新民、张震寰发起，国务院、中央军委、民政部联合批准成立的国家一级学术性机构和法人社会团体。学会由中国航天科学技术工作者组成，下设 42 个专业委员会，拥有 179 个团体会员单位和 3 万余名个人会员。学会自成立以来，积极开展国内外航天学术交流与合作活动，与众多国际航天组织机构以及国家和地区的有关组织建立了双边或多边关系，在开展航天科普教育、推进航天学科发展、促进航天技术和产业创新、深化国际合作等方面发挥了积极作用。近年来，中国宇航学会充分发挥自身优势，对航天科学原理、科技成就、精神文化等进行宣传普及，组建了专业科普传播团队和不断完善科学普及服务体系，在航天科普内容、航天科普活动、航天科技特色教育和航天科普展馆建设等方面积累了丰富的经验。

2016 年以来，中国宇航学会连续获得全国科普先进集体、中国科协科普工作先进集体、全国科普日北京主场优秀活动单位等荣誉，并于 2018 年入选中国科协首批“科普中国”共建基地。

1. 面向全民特别是广大青少年开展航天科普系列品牌公益活动

中国宇航学会每年定期组织开展航天科普系列品牌公益活动，以“我的太空梦”“世界空间周”“少年问天”“航天放飞中国梦”等品牌开展全国太空画创作大赛、世界空间周系列科普活动、“航天院士专家进校园科普大讲堂”“中国空间站搭载青少年科学实验计划”及“梦想航天，情系中华”航天体验夏令营、“中美青少年航天科技交流—赴美 NASA 太空营训练营”等活动。截至 2020 年底，“我的太空梦”太空画创作征集活动已连续开展 9 届，累计吸引了数十万海内外青少年参与。中国宇航学会连续 10 年举办世界空间周科普系列活动，组织航天科普专家团开展“院士专家校园行”“大手拉小手希望行”等系列科普活动，连续 3 年举办“中国空间站搭载青少年科学实验方案训练营”。在青少年国际交流方面，宇航学会连续 30 余年举办“梦想航天，情系中华”航天科技夏令营，连续举办 19 届“赴美 NASA 太空营训练营”，连续 8 年举办全国青少年高校科学营等，激发了一代又一代青少年探索宇宙星辰、畅想未来的热情。

经过多年的耕耘与积累，宇航学会航天科普活动在促进全民尤其是青少年传承航天精神、崇尚科学、探索未知、敢于创新等方面发挥了主力军作用。

2. 培育和发展全国航天特色学校

中国宇航学会在中国科协和国家航天局的指导下，从 2016 年开始启动全国航天特色学校建设工作。通过组织申报、评审、认定授牌和持续服务等规范程序，有效推动了航天科技与教育的融合，极大地提升了航天科普在全国中小学校的覆盖面和影响力，也为我国航天事业后备人才的培育奠定了良好基础。截至 2020 年底，已在全国 25 个省（自治区、直辖市）共发展了 85 所航天特色学校，同时，宇航学会还在 2020 年中国航天大会上启动了中国航天人才培养计划。

3. 面向全国开展“航天放飞中国梦”科普巡展活动

中国宇航学会在中国科协等单位指导下，在 2016 年“庆祝航天事业创建 60 周年航天成果展”和 2017 年“创新驱动成就梦想”庆祝香港回归祖国 20 周年科普展的基础上，进一步精心打造了“航天放飞中国梦”品牌科普巡展活动。通过登天之梯、群星璀璨、天宫筑梦、深空探测等板块，以内容、实物、模型、互动体验、太空剧等相结合的形式展示航天成果与成就，受到了广大青少年和科技工作者的欢迎，极大地激发了广大青少年热爱航天、参与航天的热情，取得了良好的社会效益。截至 2020 年底，巡展活动继香港展之后，已先后在四川、广西、江西、黑龙江、贵州、湖南、福建、浙江等省成功巡展，观展人数超过 120 万人次。

4. 大力推动航天科技馆建设

2015 年以来，在中国科协的大力支持和指导下，中国宇航学会与中国科技馆合作，共建了中国科技馆“太空探索”展厅，取得良好的社会反响和效果。在此工作基础上，中国宇航学会积极承建和推动全国航天科技馆建设，为改善航天科普活动基础设施和条件、提升科普活动能力做出了不懈努力。2020 年底，由中国宇航学会承建的全国首个航天主题科技馆——贵阳科技馆航天特色馆在贵阳落成，并完成了沧州航天科技成果展馆、太原航天科技体验馆等项目。

5. 以全媒体方式开展航天科普宣传工作

中国宇航学会发掘航天科普教育各类内容资源，持续出版《太空探索》《航天报 · 飞天科普周刊》等报刊和系列科普图书，并搭建运行航天科普内容的网络平台，如中国航天科普网、科普航天 APP、微信公众号、微博号、头条号等。通过全媒体的方式，将丰富多彩的内容与喜闻乐见的表现形式相结合，大大提高了航天科普的易读性和趣味性，受到广大读者的广泛好评。例如，针对国内外航天热点事件，深挖航天图书、航天科普杂志、航天科普报纸中的科普内容，由科普专家团队形成通俗易懂的科普文章。同时，结合多媒体特色，按照航天工程、历史、人物进行分类，注重系列化、可视化，形成了“中国探月工程”“导航卫星”“人民科学家钱学森”“航天英雄杨利伟”“中国航天大事记”等多种产品。

6. 积极探索推动科普国际合作

中国宇航学会与多个国家社团组织和国际机构建立了良好的合作渠道，积极探索科普国际合作新模式。以“我的太空梦”太空画创作为例，近年来，宇航学会与美国航天基金会共同开展青少年太空画创作互展合作，推动了青少年太空画的国际交流；在“我的太空梦”太空画创作获奖作品中，挑选出部分作品作为政府间互赠礼品，受到了联合国外空司的欢迎，营造了青少年科普活动合作与互动的国际氛围。2019 年，中国宇航学会促成了“嫦娥”“玉兔”全比例模型落户法国图卢兹航天城。这不仅是图卢兹航天城运营 22 年来首次接收、展出中国航天模型，也是中国航天模型首次落户海外。“嫦娥”和“玉兔”的入驻，为全球观众了解中国航天成果打开了新的窗口，同时也促进了中法航天技术合作不断深化。

（三）中国造船工程学会国防科普活动

中国造船工程学会作为船舶行业内最重要的学术团体，旨在团结、组织船舶与海洋工程科技工作者，积极开展学术交流、科学普及、咨询服务、继续教育、编辑出版和国际民间交流活动，促进船舶与海洋工程学科发展，提高船舶与海洋工程产业科技水平，为国民经济和国防建设服务。从1943年成立至今，已拥有会员3万余人。

1. 面向中小学生开展舰船知识的普及和推广活动

中国造船工程学会每年定期组织国防科普专家深入中小学做科普讲座，捐赠科普图书，指导中小学生动手制作船模。截至2019年，中国造船工程学会的科普专家已经走进全国近百所学校，捐赠科普图书上万册。“祖国荣誉高于一切”“从船说起”“北洋海军与甲午海战”“舰艏行处是长城——航母梦、海洋梦、中国梦”等科普报告，不仅是贯彻落实《全民科学素质行动计划纲要》、提升青少年科学文化素质的实际行动，也是激励广大青少年勤奋学习、立志成才、报效祖国的爱党爱国爱军教育，是省市县科协联动拓展开展全国科普日宣传活动的一项重要内容。

2. 面向青少年开展夏令营科普活动

自1989年起，中国造船工程学会每年7月最后一周组织中国青少年舰船夏令营活动，每年选择不同的城市，组织12~18岁青少年上军舰、下潜艇，听国防科普讲座，参观造船厂、高校，自己动手制作舰船模型，进行比赛等活动。在中国人民解放军海军建军70周年之际，2019年中国青少年舰船夏令营在青岛开营，来自北京、天津、辽宁、浙江、重庆等省、自治区、直辖市的70余名青少年参加活动，活动点燃了营员们热爱祖国、爱海洋、爱科学的热情。

面向大学生群体组织开展全国海洋航行器设计制作大赛工作。自2012年起，中国造船工程学会每年8月第二个周末开展全国海洋航行器设计制作大赛，参与高校从最初的7所，发展到2019年的60所，参加复赛的人数也达到了1500人。2019年8月10日，第八届全国海洋航行器设计与制作大赛暨2019年国际海洋航行器设计与制作邀请赛、第四届国际船舶与海洋工程创新与合作会议在哈尔滨工程大学召开。来自澳大利亚、巴西、丹麦、法国、日本、韩国、挪威、葡萄牙、俄罗斯、美国等16国的百余位院士、船舶设计大师、大学校长、专家、学者等云集赛场。60 家高校研究所等单位的近 600 支队伍携作品角逐新概念创意设计类、航行器设计与制作类、舰船模型、智能航行类等 6 大类赛事。参赛国家、高校、作品和人员的数量均创历届新高。2020 年,受新冠疫情影响进行了网上比赛。

3. 面向行业组织开展中国智能船艇挑战赛活动

截至目前,由中国造船工程学会、中国航海学会、中国人工智能学会、中国海洋学会共同举办的中国智能船艇挑战赛已经成功举办了两届,其中,江苏扬州江都举办了两届运河段比赛,山东日照举办了 2019 年的海上段比赛。其中,海上段比赛是我国在实际海域海况条件下举办的首个无人智能船艇竞赛,分海上争锋、穿越险阻、自主绕标等不同科目,旨在考核在实际海况环境条件下,参赛团队使用具备自主智能决策能力的竞赛船艇完成既定航行任务的性能和水平。

4. 组织舰船及航海知识竞赛、科普展等媒体宣传活动

中国造船工程学会于每年 7 月 11 日,即“航海”日,组织舰船及航海知识竞赛活动,活动得到了中国航海学会和《舰船知识》杂志社的大力支持,每年有 52 名参赛者获得证书和实物奖励。此外,中国造船工程学会每年借助上海海事展、大连海事展平台开展舰船科普展览,并不定期开展夏季科学展、感触科学魅力展、双创展等展览活动,聘请科学家现场讲解,让更多的民众了解舰船知识、认识海洋、了解海洋。中国造船工程学会主办的科普杂志《舰船知识》(月刊)已经有 40 年历史,这本杂志在国际上有较大的影响力,成为大众了解舰船知识和国防知识的重要载体。中国造船工程学会的科学传播志愿服务团队常年奔走在传播舰船国防知识的道路上,致力于整合会员单位和科学传播团队资源,他们的努力使得中国造船工程学会获得了中国科协科学传播志愿服务团队百家学会称号。

与此同时,学会还积极探索新媒体传播方式。2019 年,学会与

《光明网》军事前沿科技共同开发的“小川谈大师”系列国防军事音频稿件在光明网上播出，受到大众认可；在此基础上，2020 年，与中央电视台兵器科技频道联合推出“武器装备背后的故事”系列片；参与中国科协“大国学者 & 点亮科学好奇心”、头条、科普中国等融媒体音、视频国防科普工作。

5. 联合中国海洋学会等相关学会，通过科技评选开展科普工作

中国造船工程学会联合中国海洋学会、中国太平洋学会、中国海洋湖沼学会、中国航海学会及中国指挥与控制学会评选当年中国十大海洋科技进展。其中，2019 年度“中国十大海洋科技进展”有：改性黏土治理赤潮技术实现重大突破；世界最长跨海公铁大桥贯通；中国第十次北极科学考察；对虾全基因组破译及其底栖适应和蜕皮调控的分子解析；全球变暖将削弱大西洋尼诺-太平洋遥相关；首次解析硅藻捕获、利用光能机理；国家海洋科学数据中心建设服务成效凸显；全球首艘智能 VLCC 开启智能航运新篇章；国内最长最深海底大地电磁探测完成；远洋垂起固定翼无人机磁测系统海试成功。

（四）中国兵工学会国防科普活动

中国兵工学会成立于 1964 年，是由中国兵器科学技术工作者组成的全国性学术性社会团体。学会理事会设有学术、科普咨询与教育培训、组织、科学技术奖励、青年、科技出版以及财务与基金 7 个工作委员会；按学科领域设有 48 个专业委员会 16 个地方学会，个人会员 32245 名（其中院士 23 人，高级会员 690 人），会员单位 235 个。

中国兵工学会科普工作以国防科普为特色，以国防科技大型企业或高等院校等为支撑单位，由学会会员提供智力支撑，《兵器知识》等多家科普杂志组成宣传平台，以科普教育基地为展示窗口，通过加强横向联合，在保持科普持续性的同时努力做强做大。

学会科普工作围绕“互联网+科普”，提升优质科普内容供给能

力,拓展科普信息传播渠道。2016 年 9 月军民融合科技创新展览会期间,包含新华社、人民日报、中央电视台、科技日报、中国科学报在内的 40 余家媒体(覆盖中央媒体、地方媒体、行业媒体和自媒体),宣传报道展览会工作,共发表相关报道 100 余篇。此外,中国科协军民融合学会联合体各成员学会在网站微信上发布相关信息 30 余条。

《兵器知识》是中国兵工学会主办的著名军事科普期刊,以普及兵器科技知识、提高中国全民国防观念、为实现国防现代化特别是武器现代化服务为办刊宗旨,是中国兵工学会宣传中国兵器工业发展道路和成就的重要窗口,也是普及军事高新技术的重要平台。围绕"互联网+科普",《兵器知识》杂志与今日头条网站合作,成为其军事科普内容的提供者。《兵器知识》杂志微博 weibo. com/bqzs2019 年浏览量达 100 万人次。与此同时,《兵器知识 A 刊》结合时事热点,及时组织院士专访、专家沙龙,普及武器装备知识,达到了良好的科普宣传效果。《兵器知识 C 刊》则以漫画为主要表现形式,读者群锁定为小学生,文字幽默,画风活泼。2017 年《兵器知识》入选国家新闻出版广电总局向青少年推荐的百种优秀出版物和百种优秀报刊。

近年来,中国兵工学会将加强体验性摆在了衡量科普成效的高度,无论是"院士科技行"还是"科普进校园展览会""青少年科学营"等,都将体验与互动作为必备元素设计在其中,取得了良好的效果。学会成立了反恐装备学科、军事装备学科、坦克装甲车辆学科、轻武器学科、军事战略学科、弹药武器系统等 6 个学科专家传播团队,年均举办科普讲座 500 次以上。

科普教育基地设施完备,常年对社会公众开发,据不完全统计,每个科普教育基地每年接待参观人员在 2 万人次以上。还有一些特色博物馆和活动场馆,如轻武器博物馆北方国际射击场等,每年接待人员也在万人次以上。其中,由中国兵工学会推荐、中国科协命名的三家全国性科普基地——南京理工大学兵器博物馆、沈阳理工大学兵器博物馆和北方兵器城，是进行青少年校外科普教育的重要场所。沈阳理工大学兵器博物馆举办的沈阳市大学生防务精英对抗赛活动、南京理工大学兵器博物馆针对在校学生举办的“领略兵器之美，品味历史沧桑”兵器博物馆主题参观日活动以及兵器博物馆征文比赛，都受到了师生们的极大欢迎。

（五）中国核学会国防科普活动

中国核学会由钱三强、王澄昌、朱光亚等老一辈“两弹一星”功勋科学家倡议发起，于1980年正式成立，是发展我国核科学技术事业的重要社会力量。自成立以来，学会围绕产业需求和社会热点开展了一系列科普工作。在人才队伍建设、科普教育基地建设、公众沟通和大型科普活动开展、科普信息化建设、科普资源开发等方面取得了重要成果，在社会上产生了重大影响。

1. 科普中国——绿色核能主题科普活动

为广泛普及核科学技术知识、宣传绿色核能发展理念、提升全民科学素质，中国科协、国家能源局、国家原子能机构、国家核安全局自2017年开始在全国范围内开展“科普中国——绿色核能主题科普活动”，中国核学会策划制定全年活动方案、组建活动领导小组，并积极组织各地方科协全国学会及全国主要涉核企事业单位围绕主题开展内容充实、形式多样的核科普活动，取得了预期成果和良好的社会影响。

2017年，活动落实典范活动方案近20项，在全国21个省、自治区、直辖市举办核科普专题活动近400场，线下参与人数近60万人，线上浏览量4000万人次。2018年，全国约50家地方科协全国学会及涉核单位参与，上报活动约128项，线上线下覆盖人数超过880万人。2019年，活动范围更广，参与人数更多，在促进核能核技术行业、迎合社会关切、促进社会各界更多了解核与辐射安全等方面取得了良好的社会效果。

2.“魅力之光”杯中学生核电科普知识竞赛及夏令营活动

2013—2019年，中国核学会与中国核电连续五年主办“魅力之光”杯中学生核电科普知识竞赛及夏令营活动，吸引了来自全国34个省、自治区、直辖市、特别行政区的200多万名参赛者参与网络竞赛答题，新媒体平台点击量突破5000万次，历年竞赛一等奖获得者超过500名中学生。通过核科普夏令营，学生们参观了秦山核电、田湾核电、福清核电、海南核电、三门核电和福清核电。目前，“魅力之光”已成为名副其实的全国性核科普品牌，为核电科普知识的传播和核电事业的发展做出了重要贡献。

3.“院士行”活动

“院士行”活动是中国核学会一大品牌活动，自2000年以来，学会邀请钱绍钧、欧阳予、周永茂、阮可强、杜祥琬、胡思得、王大中、张焕乔、王乃彦、李冠兴、吕敏、叶奇蓁、陈念念、张金麟、于俊崇、彭先觉、邓启东、樊明武、孙玉发、邱爱慈、黄旭华、黄其励、赵文彦、夏佳文等院士在北京、上海、四川、山东、江苏、浙江、福建、江西、山西等地举办科普报告会、座谈会40多场，听众总数超过3万人。“院士行”活动大大提高了学会影响力，对提高公民科学文化素质、促进地方科技创新、完善高校学科建设发挥了重要作用。

4. 核科普展览

2015年，学会举办了四川核科普展及系列活动，包括“‘核’我探秘核科学技术展览”“核科普工作座谈会”以及四场“专题日”活动，全面涵盖了核科学基础知识及能源利用、辐射安全与防护、核技术应用、核科技发展前景等各领域的权威知识，共有67830人次参观展览。2017年，学会在中国科技馆举办全国科普日“科普中国——绿色核能主题展览”，同期举办了院士专家科普讲座及公众互动活动，共有37000余人参加。2019年，学会承办了中国科技馆建国70周年科技成就科普展。除此之外，学会还在历年中国国际核工业展览会中开设核科普展区，举办核科普系列活动，邀请政府机关单位、大中小学生、涉核企事业单位及社会公众参观，参观总人数超过40万人次，产生了广泛的社会影响。

5. 中国核科普奖评选活动

自2016年起，学会连续组织开展了三届中国核学会科普奖工作。其中，2016年首届中国核科普奖共有40家涉核单位84个作品入围，最终评出特等奖1名、一等奖5名、二等奖7名、三等奖16名。2018年第二届中国核科普奖共有53家单位的58件作品入围，最终评出“中国核科普先进单位”10家、“中国核科普先进工作者”10名、“中国核科普优秀作品一二三等奖”30名及“最佳人气奖”1名。中国核科普奖集中展示了近年来我国核电行业的科普成果，对推动全国核科普资源的开发、整合和利用，提升核科普宣传能力和水平，推动我国核事业健康发展具有重要意义。

6. 全国核科普教育基地评选认定工作

中国核学会于2016年制定了《全国核科普教育基地认定与管理办法》，全国60余家核电企业科研院所和科普场馆参与申报评选，评选鼓励有条件的企业、科研院所和大学建立核科普教育基地，并与中国科协“全国科普教育基地”有效衔接，以充分调动广大核工作者参加科普工作的积极性，促进核科普宣传工作的广泛开展。目前已经评选出2017—2021年、2018—2022年两批20家“全国核科普教育基地”。

7. 全国核科普讲师培训班

为提高科普宣讲队伍的业务水平，加强科普人才标准化、规范化建设，打造覆盖全国的高水平专业核科普工作者队伍，2015—2019年，学会积极组织举办“全国核科普讲师培训班”，邀请了王乃彦院士、叶奇蓁院士及中国科协、中国科普研究所、生态环境部、中国科技大学、清华大学、果壳网、腾讯网、中国核电、中国广核集团的40余位专家授课并交流科普工作经验，来自全国的60多家核工业单位、科研机构和政府部门的300余名学员参加了培训并获得结业证书。

8. 首届开放式核科幻小说结局征集活动

在中央网信办网评局、国务院国资委宣传局指导下,在“科幻作家走进新国企”活动的基础上,中国核学会中核(北京)传媒文化有限公司与各大主流媒体合作,联合启动了首届开放式核科幻小说结局征集大赛。总计有549人参赛报名,共收集作品176篇作品,经过一审二审,先后遴选出第一批、第二批、第三批初选作品,并由评委会办公室审定初选作品30篇后送评委会评审。

9. 百科科学词条编写与应用工作项目

由于公众科普知识的匮乏,2011年日本福岛核事故后,国内发生的抢盐风波造成的社会恐慌,再次凸显了行业科普公众宣传的软肋。由于缺乏科普基础和与公众沟通的不到位,导致国家重大工程受挫,影响国家战略布局的事件也时有发生。为此,学会组织生态环境部核与辐射安全中心、中国核电同位素分会、核医学分会、核安全分会、核聚变与等离子体物理分会等专业团队编写核能发电、核燃料循环、核辐射与防护、核农学、核医学、核安全保障、核技术应用等环境保护热点领域词条3000余条。

10. 首批科普特色学校评选

2018年,中国核学会编写发布了《绿色核能科普特色学校认定与管理办法(试行)》,并启动“绿色核能科普特色学校”评选工作,共评出辽宁红核希望中学、山东荣成市喇江中学、江苏连云港石桥中学等11所中学为首批“绿色核能科普特色学校”。中国核学会将为上述特色学校提供核科普教材,联系有关专家进行指导和讲座,联系有关涉核企事业单位、相关核专业院校与学校结对共建,组织开展形式多样的核科普、核科技教育活动,组织召开特色学校交流研讨会等,以支持特色学校开展核科普、核科技教育活动。

11. 核科普品牌图书编写

学会与中国原子能科学研究院合作编写出版了《走近核科学技术》;与清华大学工程物理系副教授俞冀阳合作编写核科普知识图书《核能科普 ABC》;与中国核科技信息与经济研究院合作编写《2049 展望——清洁高效安全的核能》;编写出版《绿色核能主题科普宣传大纲》(中英文版)。这些科普图书的出版加大了核科普宣传力度,吸引了更多的社会公众热爱核科学事业、关注核科学事业、支持核科学事业,促进了我国核电、核技术应用事业的发展。

第二节 国防科普委员会国防科普活动

(一)中国少年军校国防科普活动

中国少年军校是共青团、少先队组织在解放军、武警部队和公安民警的积极参与和热情支持下,在教育部门的统一协调和指导下,在学校以及社会各方面的共同努力下,面向少年儿童开展以"三热爱"(爱党、爱国、爱军)教育为核心,以国防教育为主题,辅以作风纪律培养、体能技能训练、行为习惯养成活动的一种有别于一般学校的特殊教育组织形式。军民共建是它最鲜明的特点。部队在活动基地和教官培训等方面的保障是必不可少的重要条件;由于参加活动的主体是在校学习的少年儿童,所以熟悉学生和学校教育工作的有关学校在少年军校工作中发挥着主导作用。

以 1984 年年初张爱萍将军亲笔题名河南商丘少年军校作为全国第一所少年军校诞生的时间算起,中国的少年军校事业已经走过了 30 多年的光辉历程。

为了加强社会对青少年学生国防教育的重视,使中国少年军校事业的发展获得更多的社会支持,2014 年 10 月在中国下一代教育基金会设立了国防教育基金，用以支持开展中国少年军校教育项目。2015 年 8 月成立了由 60 多所少年军校自发签名参加的中国少年军校联盟，以继续推动少年军校活动的更大发展。

中国少年军校联盟自创建以来，队伍不断扩大，活动不断拓展。以联盟成员校为主体的全国少年军校年度工作研讨会、内地与香港同仁交流会、全国英模进校园、“全国少年军校检阅式”“青少年学生国防教育成果展”“全国少年军校小教官训练营”等少年军校品牌活动，成为我国新时期开展少年儿童思想道德教育、国防素质教育的一个重要途径，受到了党和国家的充分肯定和广大学生家长的热情欢迎。目前，全国有各种类型的少年军(警)校 30000 余所，每年有 2000 万余名学生参加以国防教育为内容的少年军校活动。形成了一支由学校领导(校长)、教师(辅导员)、部队官兵(教官)和社会各方面志愿者组成的总数达数十万人之多的全国少年军校工作者队伍，进一步彰显了少年军校活动在我国青少年教育事业中的重要作用。

(二)“书香少年中国”国防科普研习活动

“少年强，则国强”。“书香少年中国”作为国防科普委员会国防研习品牌活动(图 31)，20 多年来旨在培养广大青少年通过“读万卷书、行万里路、游万里海疆”，成长为有理想、有志向、爱祖国、讲科学的新世纪人才。

“书香少年中国”活动小组从 1994 年组织“航母发烧友”探讨中国航母发展开始，到 2004 年组织北京高校军事协会的大学生志愿者开展国防科普进校园的“百年航母”舰船知识讲座、读书等活动；再到 2009 年参与北京海淀区中小学国防示范校工作，力推“名家进校园”国防科普活动，为广大青少年立志“学科学、讲科学、爱科学、用科学”提供校外辅导，数十年如一日，不忘初心。2012 年，为庆祝中国海军第一艘航母“辽宁”舰服役，联合哈尔滨工程大学等 35 所高校发起主

图 31 “书香少年中国”国防科普研习活动

办首届中国学生航母创新设计大赛暨“我为首艘航母起名字”专题活动,并由此确立了“书香少年中国——航母梦、海洋梦、中国梦”主题,让更多人通过了解世界百年航母发展和海洋国土安全,感知战争与和平,诠释中国人内心的航母梦。2015 年,在总结 20 年开展国防科普活动的经验基础上,开展意在为广大青少年提供创作出版国防科普精品的“中国科普作家协会国防科普委员会推荐图书”活动,首次组织《科技创新梦工厂——美国国防实验室掠影》审读工作,取得良好效果。2017 年,正式以“书香少年中国”为品牌,承办中国科普作家协会“繁荣科普创作 助力创新发展”国防科普创作沙龙,组织参与“国之重器——舰船”科普丛书(20 分册),“走向大洋”科普系列丛书、《国防科普概论》等科普图书的策划、编撰、审读工作。同时,积极参加“北京阅读季”活动,扩大国防科普优秀作品的影响力,并把国防科普图书编撰、审读工作纳入哈尔滨工程大学等研究生研习活动。2019 年,为庆祝新中国成立 70 周年,“书香少年中国”与中国海军博物馆等合作成立国防科普研习基地,率先提出“行走的国防科普”,并成立了国内首支“国防科普志愿者队”。2020 年,为庆祝中国共产党成立 100 周年,“书香少年中国”参与国家出版基金项目《中国科技之路》的审读工作,开展国防科普教育工作。

第三节　全国性国防科普活动

随着全国科普工作的有效开展,各级政府、社会团体、民间组织和企业单位也开展了丰富多彩的科普活动,国防科普活动以不同形式专题开展或参与、渗透其中,产生了良好的社会效益,为国防科普活动打下了良好基础,发挥了不可忽视的重要作用。

(一)全国科普讲解大赛

全国科普讲解大赛是目前全国范围最大、水平最高、代表性最强、最具权威的科普讲解比赛,由全国科技活动周组委会主办。大赛以习近平新时代中国特色社会主义思想为指导,全面贯彻党的十九大精神,深入实施《中华人民共和国科学技术普及法》,通过讲解大赛在全社会广泛普及科学知识、倡导科学方法、传播科学思想、弘扬科学精神,激发全社会创新创业活力,营造良好的创新文化氛围,动员全社会积极投身创新驱动发展战略的伟大实践,让科技发展成果更多更广泛地惠及全体人民,服务于人民群众对美好生活的向往,聚焦科技扶贫,提高人民生活质量和健康水平,助力实现中华民族伟大复兴的中国梦。

全国科普讲解大赛始于 2014 年,经过近 5 年的发展,参赛选手从最初的 88 位增加到 2019 年的 223 位;讲解内容从第一届选题多为物理、化学和生物等知识扩展到如今的既有前沿科学、热点高新技术,又有人文科学、社会历史和健康等内容;讲解形式也不断创新,运用 PPT、视频、道具、音乐等多种手段丰富讲解效果;评委中既有科技界的大咖,也有艺术界的知名人士,尽显大赛科技与艺术结合的特色。与此同时,大赛的社会参与度也越来越广。2019 年全国科普讲解大赛(图 32)是一年一度全国科技活动周的重大示范活动,也是一年一度全民乐享的科普盛宴。来自全国各地 67 个代表队 223 位科普达人齐聚羊城,同台比拼共讲科学。40 多个省市地区和国家有关部门举办 400 多场预赛和选拔赛,参赛选手超过 4 万人,社会覆盖面越来越广,在全国发挥了良好的社会导向作用,营造了"爱科学、讲科学、学科学、用科学"的良好氛围。2020 年,全国科技活动周组委会组织举办以"科技战疫创新强国"为主题全国科普讲解大赛。9 月 29 日,解放军和武警部队科普讲解比赛在安徽省合肥市举行,来自基层部队、医院、院校和科研单位的 48 名选手,即有战士、文职人员,也有科技干部、政工干部,还有曾奋战在火神山抗疫一线的医生、护士,他们年龄最小的 19 岁,最大的 46 岁;讲解内容既有北斗导航定位系统、航母电磁弹射、区块链等高新技术,也有新冠病毒防控知识。选手们结合多媒体演示手段,把一个个深奥难懂的科技知识讲解得通俗易懂、妙趣横生,为现场官兵带来一场内容丰富的科学盛宴。

图 32 左图 2019 年全国科普讲解大赛半决赛评委点评现场
右图 2019 年全国科普讲解大赛解放军代表李琪荣获总决赛冠军

2019 年全国科普讲解大赛冠军作品:

《海战规则的改变者——反舰弹道导弹》

航空母舰,人类史上最具威胁的海洋霸主,也主宰着当今世界的海战规则，因而反航母作战一直是各国面临的重大挑战。冷战时期，苏联海军花了大量时间琢磨怎样击沉美国航母，曾设想使用弹道导弹打击航母，但受技术限制并未成功。因此，当中国的反舰弹道导弹作为反航母利器惊艳亮相时，世界为之一振。那么，它究竟是如何扮演“航母杀手”这个角色的呢？

要知道，打航母很难。

(1)定位难。要找到数千千米外百米级大小的航母，无异于大海捞针。

(2)突防难。航母可不是独来独往，它身边总有一群贴身保镖，誓死护卫。

(3)命中难。试想一下，航母怎会坐以待毙？如果导弹反应稍有迟钝，航母就会逃之夭夭。

可见，要实现反航母作战，侦-控-抗-打等环节就缺一不可。

首先解决发现目标的问题。别忘了，我们可是拥有先进侦察卫星的国家，还有天波超视距雷达，数千千米的探测距离，用以实现对敌航母的实时监控绰绰有余。

再者，对反舰弹道导弹来说，突防也不是难题。导弹再入大气层时，其末段速度能够达到10倍声速以上，这么快的速度，这么短的反应时间，再加上机动灵活的轨迹变化，连具备中段反导能力的舰空导弹都形同虚设，更别提密集阵近防炮等舰载防空武器了。

但是，还有一个问题：固定目标容易打，运动目标怎么才能打得准呢？因为从发现目标到命中目标，导弹需要一定的飞行时间，以航母30节的航行速度，10分钟就可以驶离原来位置10千米左右。

不过，不用担心，反舰弹道导弹可是有火眼金睛啊。它采用末段主动制导技术，在面对长度为300多米、宽度为70多米的大型航母时，飞行末段可根据航母的运行轨迹，对导弹进行及时调整，从而追踪航母，精准命中。

据境外媒体称，在某次实弹打靶中，反舰弹道导弹击穿了模拟航母飞行甲板，摧毁了包括舰员舱和仓库在内的，几乎所有部位后，一直打到舰底，实现了对航母的华丽一击。

这样看来，为了保证自身安全，航母编队只好退居导弹射程之外。显然，反舰弹道导弹，已经以其远距离高精度强突防的打击能力，实现了"以陆制海"，从而改写了"以海制海以空制海"的海战规则。

如今，世界上已有多个国家拥有航母，并将其作为海战的主要作战平台。凭借海战规则的改变者——反舰弹道导弹，我们必然能够拒敌于千里之外。

执掌大国长剑，我为火箭军代言：东风快递，使命必达！

(二)中航工业杯国际无人机大奖赛

利用各种科技竞赛吸引公众参与国防军事科普，有助于培养公众的国防意识和军事科学素养。近年来，随着对科普和创新的日益重视以及整体教育条件的不断改善，有意愿和能力参加竞赛的科研单位、院校和个人越来越多。与之相应，国内此类比赛参赛作品的水平也不断提高，在科普和人才培养方面取得了越来越显著的效果。其中，比较成功的是自 2011 年开始举办的中航工业杯国际无人机大奖赛。

中航工业杯国际无人机大奖赛由中航工业集团公司和中国航空学会共同主办。从参赛队伍上看，主要包括三类：第一类是航空航天相关的各科研院所，参赛作品多为其科研成果；第二类是以北京航空航天大学、南京航空航天大学为代表的航空院校，参赛作品多为教师指导下的学生作品；第三类是民间发烧友、航空爱好者，参赛作品多为自行创意的作品。

大赛分为竞技赛和创意赛两个部分。竞技赛要求参赛队伍的无人机完成若干套规定动作,以完成精度和时间决定比赛名次,如要求固定翼无人机在全自主条件下,完成起飞、目标搜索、识别、打击,最后在移动平台上完成模拟航母甲板触舰复飞和拦阻着舰动作;要求无人旋翼机全自主条件下完成目标识别、抓取吊运,并将物品准确投放到移动平台的指定位置。这项比赛综合考验了参赛队伍的系统整合能力和飞行控制程序编写能力,因此有能力参与角逐的基本是科研院所和航空院校的作品。而创意赛从创新性和可行性角度进行评比,既要求设计新颖,又要求具备工程应用的潜力与一定的可实现性;鼓励从原理、构型、布局到结构、机构、材料等方面的创新,但要求一定要有实物模型,达到可以飞行、演示的程度。在这项赛程中,涌现了不少优秀作品,也促进了参赛单位的科普工作。以南京航空航天大学为例,该校无人机均为独立设计的具有创新性的平台,包括采用环量控制技术取代传统垂尾和副翼、襟翼的高机动无人机、采用流场控制技术取代机械运动喷管的矢量推力无人机、可实现旋翼和固定翼飞行状态瞬间转换的翼身融合无人机等。

中航工业杯无人机创新大奖赛是国内各项航空类赛事中规格较高、规模较大的比赛,也是充分展现国内航空工业相关院所、高校和民间科研创新成果的展示平台。更为重要的是,中航工业杯无人机大奖赛并非一项封闭性赛事,而是向所有爱好航空的单位及人员开放,因此来自爱好者个人、家庭的设计占了相当大的比例。这些参赛队伍专业能力虽然不如科研院所和高校,但是参与者的多样性本身就展示了科普的成果。

自第三届大赛开始,比赛场地固定在浙江省安吉县,继而成为当地群众热衷观看的活动,同时也是该县通用航空产业发展的重要牵引。

(三)首届国防实验室开放日活动

2019 年 5 月,作为全国科普活动周重点活动之一,国防科技创新基地战略联盟在全国范围举办为期一周的实验室开放日活动，涉及华北、东北、华东、西北4大片区、8个城市、13个重点实验室，覆盖材料、信息、器件、制造、动力等多个技术领域。活动安排分为现场参观、科普讲座、专家论坛等多种形式。此次活动是国防类实验室首次大规模对外开放，吸引了全国各地青少年及家长慕名而来，产生巨大反响，受到新华社等国内各大媒体的广泛关注和报道，其中仅当天关注量就突破百万。

国防科技创新基地战略联盟成立于2018年10月，由中国船舶工业综合技术经济研究院牵头，联合国内30多家国防科技重点实验室、军工科研院所、实体企业等共计60多家单位，组建成立目前国内首个也是唯一的跨行业、跨专业、跨地域的国防科技创新基地战略联盟。其中，国防科技重点实验室是国家国防科工局和原中国人民解放军总装备部批复的国家级创新平台，目前共有110余个，覆盖了核、航天、航空、船舶、兵器和军事电子等6大军工领域，涉及军工集团、军队科研院所、工信部高校、教育部高校和中科院等相关单位。在此基础上，下一步将继续遴选基础条件较好的国防科技重点实验室及相关单位，进一步发展成为国防科普教育基地，并定期对社会公众开放。

第四节 大学生国防科普教育活动

目前，全国高校大学生已开展了丰富多彩的国防科普教育活动，其中学生社团作为高校校园文化建设的重要载体，逐渐形成并发挥着培养发展学生、服务学生和团结凝聚学生的功能。下面以北京理工大学和哈尔滨工程大学为例简述。

（一）北京理工大学江麓奖学金论文竞赛

科技竞赛是高校内部利用学生课余时间进行军事科普、培养学生对军事科学兴趣的有效方式之一，而且这些竞赛中不乏一些科研单位对高校内部科技竞赛的支持，也成为高校内科技竞赛组织者和参与者双方的助力。北京理工大学每年举办的江麓奖学金论文竞赛就是一个典型例子。

江麓奖学金由江麓机电科技有限公司在北京理工大学设立，由机械与车辆学院负责管理，面向全校本科生开展，至今已经连续举办11届。创办奖学金的宗旨是普及国防科技知识、宣传国防科技发展、培养合格的国防科技人才。竞赛首先采用笔试答题模式进行第一轮选拔，考试题目为100道，其中60%由公开题库生成，40%由非公开题库生成，考试时间为35分钟，而后依照得分，初步筛选出前40%的参赛人员进入下一轮比赛。进入第二轮比赛的同学必须按照评委会要求提交一篇关于国防科技方面的论文，评委会组织相关专家进行初步评审，选拔15~20名进行决赛论文名单公示，无异议后进入最终答辩。决赛采用公开答辩方式进行，评审委员会组织相关专家对进入决赛的选手进行现场答辩打分，根据最后一轮答辩成绩选出最终获奖选手。最初，每届获奖选手为10名，奖金为每人5000元。为进一步鼓励学生参与竞赛，2017年开始将获奖人数增加至15人，奖金提高至每人6000元。由于北京理工大学本身具有强大的教学科研队伍以及鲜明的军工特色，江麓集团又是国家军工行业重点企业，这使得学生在军事科技领域拥有良好的学习和研究条件，同时也实现了竞赛组织者的强强联合。因此，每届竞赛都会出现高质量、具有创新性的设计和论文，尤其是决赛公开答辩阶段，由于论文选题广泛，答辩过程中专家的提问和指导对更多参与旁听的学生也是扩展视野、积累经验的学习机会。

（二）哈尔滨工程大学国防科普教育活动

1. 哈尔滨工程大学国旗护卫队

哈尔滨工程大学国旗护卫队（图33）成立于2008年4月海军节

期间，隶属于共青团哈尔滨工程大学委员会，由国防教育学院担任指导单位，是建设以海军为特色、以海军国防生（图 34）为班底的学生组织，并于 2015 年成为全校性质的学生社团组织。它是一支以执行国旗升降和宣传国旗文化为主要任务的大学生社团。

图 33 国旗护卫队

图 34 海军国防生

国旗护卫队与铁岭、风华、育红、宣庆四所小学签署了共建协议，目前已开展国防教育志愿活动 150 余次，爱老敬老团聚爱心活动 50 余次，累计超过 800 小时，直接受益人数超过 3000 人。国旗护卫队定期开展特色活动，内容涵盖爱国主义宣传、国旗文化宣讲、中小学爱国主义特色教育、校园国防文化氛围营造等方面。例如，长期前往育红小学等多所学校进行支教，为孩子们带去很多关于国防和爱国方面的课程，也会为孩子们进行一些简单的队列指导；同时还会去各居民社区进行国旗法和国旗文化的宣传；定期祭扫烈士陵园。

2. 哈尔滨工程大学讲解团

哈尔滨工程大学讲解团（图 35）已成立 8 年，在职讲解员始终维持在 60 人左右，主要负责为哈军工纪念馆、船舶博物馆、校园地标式景点——十大名船等提供讲解服务。在每年的国防教育月、国际大学生雪雕大赛以及 2013 年学校 60 周年校庆等大型活动中担任主力讲解工作。讲解团自成立以来，累计讲解近 2 万场，接待各地游客近 30 万人次。

图 35　哈尔滨工程大学讲解团

3. 校园文化建设

校园文化是一种以学生为主体、以教师为主导、以校园空间为依托，凸显校园精神特质的群体文化。它反映的是一所学校的主流价值取向、行为方式和思维方式。国防文化是哈尔滨工程大学校园文化的基本要义,是校园文化中不可替代的重要组成部分。

以“哈尔滨工程大学国防生活一日体验”活动(图 36)为例,通过军事化生活体验,增强中小学生对国防生生活以及一日生活作息的了解,增强自身管理约束能力,提高规律化生活作息的意识。同时,通过国防生这个切入点,将国防教育渗透到每个人的心中,更易于达到国防教育的目的。

图 36 大学生日常国防活动

第五章　国外国防科普教育概况

国防科普在国外没有相应的概念性描述，但是为加强国防教育，许多国家都建立了比较完善的法律、法规和军训管理体系。以高校军训为例，不同国家对此均有共识，但由于目标、侧重不同，各个国家的大学生军训呈现不同的特点，如美、俄、英、印等国地方高校的学生军训多以培训预备役兼培养现役军官为目标。美国地方高校设立有“后备军官训练团”，目前美军现役部队军官中有30%的教官和40%的校尉军官都毕业于后备军官训练团，其储备的后备军官多达80万人。俄罗斯各高等学校的军事体系和军事研究室按预备役军官的训练大纲对参训学生进行实训，学生毕业后被编入预备役和现役并授予相应的军衔。从1993年起，俄罗斯每年征召1.8万名在校毕业生直接入伍服役。英国在地方高校组建了“大学生军官训练团”，负责培训预备役军官和现役军官。此外，还委托剑桥大学、牛津大学等代培专业技术军官。印度高校的“国民学兵训练团”也主要是培训预备役人员。

第一节　国外国防科普教育内容

因国家安全、国防性质、国防政策等情况各异，各国的国防教育内容也有所不同,但从系统性和普适性上看,国防教育大体包括5个方面的内容,即国防理论教育、国防精神教育、国防法规制度学习教育、国防知识学习、国防技能训练(包括军事技能和军事体育技能的学习训练)。

(一)国防理论教育

国外国防理论教育包括国防地位与作用的理论、国防构成及其相互关系的理论、国防建设方面的理论、国家安全理论、国家防卫方针政策、国防形势与任务教育等。以美国为例,美国政府认为仅靠经济的发达、技术的先进来维护国家利益是不够的,还必须努力强化国民的精神,强调每个公民都要树立献身国家、服务国家的观念,不断克服优越的物质生活条件带来的精神颓靡,克服社会风气的堕落给国家利益造成的危害。例如,他们发挥国防教育体系的职能作用,有计划地邀请国内知名核专家和国际问题专家等不定期地在大中学校开展"核战争讲座",提出"只有让下一代彻底了解核战争的严重性,才能彻底防止核战争的爆发"。近年来,每当美国国防部公布新版《国防战略》报告、《美国国家防务战略》等新的防务战略文件,美国政府就会对国民特别是大中学生进行国防意识、爱国主义思想等与国家防务有关的教育,并倡导官方、非官方智囊机构大力开展这方面的研究。

俄罗斯的国防理论教育主要是"确立全面安全观"的教育。新的《俄罗斯国家安全构想》对多极世界以及保卫国家利益的方法进行了严格定义。《俄联邦军事学说》《俄罗斯联邦信息安全学说》等一系列有关国家安全文件的颁布和宣传对于俄罗斯全民国防理论教育,特别是"确立全面安全观"的教育具有很大的推动作用。

法国的"实践性"国防理论教育即让国民参与重大防务决策、在实践中强化公民的国防意识,取得了较好的教育效果。法国有一个传统，就是每当遇到国家安全、军事战略调整和军备问题，政府就采取民意测验的方法直接听取人民意见。第二次世界大战结束后，法国政府就以“国家是继续依靠北约的核武器，还是发展自己的独立的核力量”为题进行广泛的民意测验，结果有80%的公民主张发展自己独立的核力量。

（二）国防精神教育

国防精神教育是世界各国国防教育的现实内容和重要组成部分，主要包括爱国主义精神、英雄主义精神、尚武精神、民族气节教育等。

俄罗斯为加强对青少年的培养教育，在各级各类学校的教科书中都突出了爱国主义教育内容。与此同时，俄罗斯的爱国主义教育协会通过组织各种结合青少年特点的教育和培训活动，使青少年不断受到军事爱国主义教育的熏陶，从而培养他们为履行保卫祖国的神圣职责所应具备的精神素质和军事素质。

需要指出的是，美国培养公民爱国主义精神的不同之处在于特色鲜明。它采用的概念不是“祖国”“故土”，而是“美国”“美国的生活方式”。这主要是因为美国是一个由移民形成的多民族的国家，而这些“外来民众”都视美国为自己的家园。

印度是一个历史悠久的国家，其爱国主义教育重在宣扬印度历史上的辉煌和现实中的“伟大”，宣称自己是“世界上最大的民主国家”，号召民众为保卫祖国而献身。

一些国家还在国防教育中开展国耻教育，以唤起国民忧患意识和激励民族气节。例如，波兰在每年11月1日的亡灵节，全国长鸣警报两分钟，为在第二次世界大战中受迫害致死和战死的同胞致哀，并在奥斯维辛集中营举行悼念活动。

（三）国防法规制度学习教育

国防法规制度学习教育既是实施国防教育的重要内容，同时也是开展国防教育的重要保证，所以，世界各国普遍注重国防教育立法，注重利用法律、法令、条例和规章制度等强制性措施保障国防教育的正常开展。例如，1958 年美国国会制定《国防教育法》，被称为美国战后第一次颁布的教育大法；1964 年美国国会又通过了《国防教育法修正案》，延长了《国防教育法》的有效期。这些举措不仅加速了美国国防科技人才的培养，而且对全民国防教育尤其是大中学生的国防教育产生了重大影响。俄罗斯 1996 年颁布《国防法》，其中规定"开展对俄罗斯公民的军事爱国主义教育"，为国家在全体公民中进行国防教育奠定了法律基础。俄罗斯 1998 年颁布的《兵役义务与服役法》对国家在公民服役前进行国防教育的内容范围及物质保障等做了规定，使国防教育在一定范围内实现了法律化、制度化。

（四）国防知识教育

国防知识学习教育包括国防科技知识、国防历史知识等教育。其中，国防科技知识包括国防基础知识和国防专业知识两方面的内容。国防基础知识是需要国民了解的普及性的国防知识，如国家的领土、领海、领空知识，边界遗留问题，岛屿争端，现代战争和军事知识，武装力量构成，军兵种知识，国防科技新成果等。国防专业知识是指与所从事国防职业直接相关的知识，如国防动员知识、国防科研与生产知识、国防经济知识、国防交通知识等。国防历史知识主要是学习自己国家国防与战争的历史，了解自己国家的民族为国家统一、独立、富强而浴血奋战的历程，以增强民族自尊心和爱国心。各国依托政府、军队、民间组织及传媒机构等进行丰富多彩的国防科普活动。

(五)国防科技教育和国防技能训练

国防科技教育主要是国防科技基本知识教育,如常规武器装备、核生化武器、信息化武器装备知识等,虽然内容广博,但这是提高国民国防素质的基础和平台。国防技能训练包括军事基本技能训练、军事体育技能训练和救护技能训练,如各种武器操作技能、战术训练、战场防护技能、战场救护技能、单兵和分队战术技能等。

第二节 国外国防教育典型案例概述

(一)美国的国防教育

1. 国防教育法律体系

第二次世界大战、冷战对峙以及美国的全球战略布局使其有较多的防卫诉求及安全标准。国防和教育是美国政府的两项最受重视且开支最大的事业,可见其重视程度。为确保国防教育的有力进行,美国政府制定了一系列法律来保证国防教育的实施。1947 年颁布《国家安全法》,1958 年颁布《国防教育法》,1973 年颁布《战争授权法》,1976 年颁布《国家紧急状态法》。

其中,《国防教育法》是对全民进行国防教育、提高全民国防素质和国防观念的基本军事法律,是美国联邦政府协助各州政府教育机构加强国防教育的法律措施,目的在于培养美国青少年的爱国主义精神,使他们掌握必备的军事技术,从而有助于加强国防建设,保证国家安全。《国防教育法》对国防教育的目的、性质、任务、内容、形式、机构和经费等进行明确规定,使美国国防教育有法可依,有章可循。根据《国防教育法》的规定,联邦政府拨出大批款项资助教育事业,学校课程的内容也作相应的调整,以适应培养国防人才和科学技术进步的要求。美国政府向来认为,人的素质是国防的第一要素,而人的素质的提高离不开教育,只有通过教育培养大批科技人才、推动尖端科学技术的发展,并使其运用于军事领域,才能从根本上增强国防实力。时至今日,美国的国防教育本身已成为一种提升国家竞争力的具体手段。美国舆论认为《国防教育法》是“美国教育史上划时代的文献”,美国国会将该法的制定视为美国教育史上最重要的发展之一。在基本法框架内,美国还建立了完善的专项法律体系,如《国防资源法》《国防优先法》等。除此之外,美国在联邦民事立法中也包含有关于战争动员及国防教育的条款。在一系列法律的指导下,美国的国防教育得以有条不紊地展开,成为其能够不断进行对外军事行动的重要动力。

2. 青少年国防教育

美国将国防教育的重点放在青少年的教育上,即未来国防人才的培养上,曾制定的“培养美国人迎接 21 世纪”计划认为美国的未来取决于青少年的素质尤其是国防素质。在中小学阶段,不仅设有“候补军官军校”“候补军官候补生学校”,还在许多中小学开设“核知识”课程。中小学课程被形形色色的军事、国防知识所充斥,课外活动项目也多与国防事业相联系。来到美国的中小学,可以看见校园里高高飘扬的星条旗,如果校园里响起国歌,学生们都会庄严地站立。在中小学的运动会和毕业典礼等场合,都会有学生组成的军乐队演奏《星条旗永不落》,在中小学的音乐活动中,集体合唱国歌也是必备的项目。无论是土生土长的美国人还是新移民,他们的孩子在学校里也必须经历这些仪式,参加这些活动,对美国的认同感和为美国奉献的精神在无形之中得到强化。在课堂之外,军队也为教育这些孩子们“助力”。为了向国民展示本国军队的“肌肉”,激发年轻一代对军事的兴趣,驻扎本土的一些美军基地每年都会举办各类开放活动,如每年 5 月的第 3 个星期六,美国安德鲁斯空军基地举行为期两天的战机展览和飞行表演,以庆祝美国"武装部队日"。该基地平时警备森严,只有每年这个周末才对公众开放,时间为上午 8 时至下午 5 时。届时,前往安德鲁斯基地的车队就排起长龙,有些人甚至从外州赶去观看。这类军营开放活动往往会让孩子们印象深刻,在心中种下"种子"。

而被视为直接向国防工业企业及军队输送科技人才的 STEM 教育,仅美国国防部 2008—2011 年的投入就分别高达 9490 万美元、12725 万美元、14415 万美元、16552 万美元,这还不包括与国防有关的美国能源部 DOE、美国航天局 NASA 的投资。美国国防部 2016—2017 年对 STEM 的投资,仅国防教育项目和非洲及少数族裔院校项目等两个项目的投资就高达 9000 万美元、11300 万美元,2018 年美国参院通过的预算更是高达 12900 万美元,美国对国防教育的投资之巨可见一斑。

美国政府主张寓国防教育于各种教育之中,通过教育的手段达到加强国防的目的,其国防教育在内容上有一定的体系,既注重道德精神方面的教育,也注重科学文化知识的学习、军事技术训练的普及和体育技能的提高。有了道德精神作保证,政府再把自然科学、数学和外语当作重点学科,要求学校认真抓好落实,并把与军事应用相关的体育项目纳入国防教育内容之列。至于那些与国防教育有着间接联系的学科,如历史、地理等,也尽可能发挥它们的优势,强调学习和研究这些学科对国家安全所具有的现实和潜在意义以及预期的效果等。

为鼓励青年学生参加军训,美国还专门设立了各种奖励制度,其中参加军训两年的大学三、四年级学生,最多可获得 2700 美元的奖励和补贴。其军官训练,主要为专科院校(两年制或三年制)或本科中未参加前三年军训的学生开设。

美国重视加强军校建设,提高教学质量和毕业生的待遇,对广大青少年有很大的吸引力。美国的西点军校尽管有严格的入学考试制度和很高的淘汰率,但报名者仍10倍于录取者。学员在四年中将接受全国一流的军事政治和文化科学教育,仅培训费就高达人均90万美元。

3. 童子军活动

此外,美国的青少年也会主动参与一些军事色彩极强的实践活动。其中最有名的便是"童子军活动"。这项活动源于英国,其创始人贝登堡先生在举办第一次童子军活动时,只是想把自己毕生积累下的户外经验及其在军队时的技能训练传授给青少年,目的是使他们能够摆脱慵懒颓废的习气,体验到生活的幸福。目前,童子军活动已成为美国对青少年进行国防教育的重要手段。美国的童子军创建于1910年,至今已有几千个组织,几百万会员,涵盖各个年龄段。其宗旨是为帮助青年增长知识、掌握技能、完善自我,使之成为有责任感、能自立的公民与未来的领导人。童子军活动军事色彩浓郁,除了暑期夏令营活动,童子军还进行一些军事技能训练。训练科目以急救、救生、发信号、骑自行车、游泳、徒步行走、观察大自然、手工艺、露营术、森林知识、河流知识、狩猎、钓鱼、获取食物、制造各类器具为主。为激励孩子,在训练中表现突出的学员将会获得童子军荣誉勋章。

4. 国防技能训练

美国重视非军事院校的国防教育,1916年就制定了《国防法》,把依托地方高校培养军事人才以立法的形式确定下来。1958年8月,美国国会又通过《国防教育法》,进一步为国防教育提供了法律保障。依据《国防教育法》,美国政府在非军事院校开办了"后备军官训练团"作为国防教育的专门组织,使青年学生在完成大学学业的同时接受必要的军事训练。

目前,美国各高校共有500多个后备军官训练团(以下简称"后训团”),海陆空三军齐备。这些后训团由国防人力预备役与后勤事务助理部长直接领导,由各军种的后备军官训练管理机构负责,主要进行本军种后备军官训练团的军事训练和国防教育工作。高校学生在自愿的基础上参加后训团,接受必要的军事教育。后备军官训练团有着十分完备的设施,下辖数量不等的学员营,一个学员营一般管理104名后备军官学员,编配管理人员7名(军官5名,士官和文职人员各1名),分别负责招生、教学、后勤和学员管理工作,所需经费和人员报酬由联邦政府支付。每个学员营由所在大学提供1名秘书协助管理,协调大学和部队的关系。后备军官训练团进行的训练内容十分系统,每一学年都有详细的训练计划(表15),循序渐进,逐步提高学生的专业能力和综合素质。陆军的训练团要求学员四年接受200小时的军事训练,同时设立两个夏季野营集训课程,二年级后的暑期在肯塔州的路易斯维尔陆军训练基地组织4~6周的初级夏练,三年级后的暑期在华盛顿州的刘易斯堡陆军训练基地组织6周的高级夏训。海军和空军也根据各自需要设立了系统的训练计划。

表15 后备军官训练团各年度训练计划

年级	主要训练内容
大学一年级	军人基本知识;队列和仪仗;体能训练
大学二年级	军事历史;单兵技能;班排战术知识;体能训练
大学三年级	高级夏训的预备训练,包括初级指挥军官的职责,班排战术动作演练;军种基本战术技能;军事职业教育,包括行政领导和部队管理知识
大学四年级	军种基本战术技能;军事职业教育,包括行政领导和部队管理知识和司法;班排战术训练的计划与实施;体能训练

参加后训团训练的大学生,除由军队支付其参训时的学杂费外,还对参训的三四年级学生实行奖学金和补贴制度。军方向军训成绩优秀、同意在毕业后服4年以上现役或6年以上预备役的学生提供奖学金。享受奖学金的学生,其全部学费、书籍费和实验费(一般

大学每年为6000~7000美元)均由军方支付。此外,每学年还可以得到10个月(除寒暑假外)每月100美元的津贴费和一期夏令营(约500美元)的补贴。奖学金分4年、3年和2年三种,一个4年奖学金获得者,在整个学期得到2~4万美元的补贴。学生在完成学业、通过训练大纲的所有项目之后,依据实际情况和服役类别,可被授予少尉或预备役少尉军衔,进入部队服役。对于毕业后不服役的学生,则要返还军方支付的全部费用,其个人履历和社会信用也会受到相应的影响。

后训团的训练按照预备役的标准严格进行。美国国防部强调,要确保所有预备役人员接受与其承担的任务和战备需求相一致的训练,以保证在出现需求时,提供合格的编组预备役部队和预备役人员。美军还不断强调,预备役部队要根据任务条令和训练大纲的要求,与现役部队一样,通过持续不断的一体化多级训练,提高执行任务的能力。据不完全统计,在美国现役部队中约有30%的将军和40%的校尉级军官来自后训团毕业的大学生。特别是近几年,美军新任命的军官中约有75%是经过后训团训练的。后训团也因此享有“大学生中的军官学校”的美称。

后训团并不是只存在于美国的高等院校,在中学中也广泛存在。美国在全国300多所中学和中等专业技术学校设立了后训团初级部,其宗旨是“培养有国防意识和社会责任感的优秀公民”。政府每年耗巨资利用电视台、报刊和网络等媒体进行宣传鼓励优秀中学生参加后训团。丰富多彩的军旅文化和课外活动以及深入持久的宣传,吸引了大批想了解军队、了解社会和丰富人生阅历的中学生参与其中,而参加过训练的很多学生在毕业时会选择上军校、当兵入伍,或参加大学的后训团,这从源头上固化了兵源数量和质量。

值得注意的是,美国非军事高校的国防教育并不只是依赖后训团,它的文史类高校和综合类高校还普遍开设了军事类选修课,进行有关军事知识、军事历史等方面的教育。作为核威胁教育的一部分,“核战常规”课程和“核战争”讲座在美国的高校依然存在。大学生依然可以参加童子军活动和各类军事训练营。凭借着高校的力量,各类可以用于进行国防教育的文艺作品会展示给大学生,各类纪念厅馆和纪念日可以用来进行教育,对符合美国文化和价值观的行为和人物也会大力宣传和表彰。另外,美国院校还适时组织大学生喜爱的各种军事体育竞赛。看似自由开放的美国大学校园实际上融入了美国特色的国防教育价值观,并不断影响着进入校园的每一个人。

作为一个长期在海外进行大规模军事行动的国家,美国十分注重军队的征兵问题。为吸引青年人参军,美军提高了一系列入伍待遇,并在宣传方面煞费苦心。美国政府利用媒体网络公开国防开支和军队薪金的具体数额,以吸引青年入伍。各类纪念日也成为美国军队进行征兵宣传的好机会。海军和空军会强调自己在技术训练上的优势,“如果加入海军或者空军,你会学习到更多技能,退伍后也会成为企业的香饽饽”;陆军和海军陆战队则会强调自己的训练更能锻炼身体、磨练意志,对退伍后在社会打拼大有好处。

为吸引青少年的注意,每年,五角大楼都会给全美 16~21 岁的青少年邮寄 2000 万份宣传材料,并用精美礼品吸引他们回信;每年参军入伍的新兵,都会接到回去“拉人”的任务,如果能使更多的人参加美国军队,这些新兵的晋升速度也会更快。除了这些,军队的征兵部门还利用网络来吸引年轻一代。最引人注目的应当是美国陆军打造的《美国陆军》在线网络游戏了,这款游戏既可以在美国陆军的征兵网站上下载,也可以到各地征兵部门索要游戏安装光盘。这款游戏的画面质量极高,真实还原了美国陆军训练的全过程以及执行任务的所有细节,玩家可以通过游戏了解真实的美国陆军。据报道,有超过 39%的陆军新兵在入伍之前玩过这款游戏。

（二）俄罗斯的国防教育

俄罗斯是一个重视国防教育的国家。卫国战争的高伤亡率导致几乎每一家俄罗斯人祖辈上都有参加卫国战争的老兵，这使得俄罗斯公众的总体国防军事意识浓厚，年轻人甚至在军事博物馆约会。现今的俄罗斯政府既继承了苏联庞大的军事遗产和国防教育观念，又根据自己的实际情况采取了许多新的措施来保障本国的国防教育。

1. 国防教育法律体系

同美国一样，俄罗斯也十分注重国防教育方面的立法。虽无专门的《国防教育法》，但相关的法律、法规处处体现了其对国防教育的重视。在苏联时期《苏联普遍义务兵役法》（1967 年）、《青年初级军事训练条例》（1968 年）、《关于军官和超期服役军人在普通教育学校学习的训令》（1963 年）、《对军人军队职工在职参加普通教育学校学习的优待》（1963 年）等军事法规基础上，俄罗斯先后制定并颁布了相关法律、法规和规章。这些法律、法规规章有的是对原有立法的认可继承；有的是在原有立法基础上进行完善后重新予以颁布；还有的是根据实际需要新颁布的法律、法规。其中大多数的法律、法规均规定了国防教育的内容。俄罗斯国防教育法律体系的渊源和根本依据是《俄罗斯联邦宪法》，该法对公民服兵役等与国防相关方面的权利与义务做出了规定。俄罗斯政府在 1996 年颁布的《俄罗斯联邦国防法》是规范国防教育的主要法律，为全民国防教育奠定了法律基础。两年后，俄罗斯政府还颁布了《俄罗斯联邦兵役义务与服役法》，成为该国普通高校国防教育组织实施的主要依据。除了各类国防教育法律，俄罗斯政府还从 2000 年开始不断颁布《俄罗斯联邦公民爱国主义教育》纲要，以政令形式指导国防教育。此类纲要以连续“五年规划”的形式规范、有序提出，至今已颁布四部，最新一部是《俄罗斯联邦公民爱国主义教育(2016—2020)》。这一系列爱国主义教育纲要对公民国防教育和军事教育有着明确的规定和实施建议。需要注意的是,在这些爱国主义教育纲要中,国防教育被具体表述为“军事爱国主义教育”,但其实二者内涵是一致的。在法律和政令的共同作用下,俄罗斯的国防教育得以完备系统地开展。

此外,还有《俄罗斯联邦兵役义务与服役法》《安全法》《俄罗斯联邦征集公民服役条例》《俄罗斯联邦动员准备与动员法》《俄罗斯联邦公民训练条例》《俄罗斯联邦武装力量服役条例》《民防法》《选择性民役法》《俄罗斯预备役公民军事集训条例》《俄罗斯联邦青年和儿童军事爱国主义教育联合会条例》《武备学校标准条例》等。另外,还有其他一些与之相关的行业法律、法规、决定,如《俄罗斯联邦教育法》《俄罗斯联邦教育发展纲要》《俄罗斯联邦国家教育学说》等。

2. 全民国防教育

俄罗斯多战争的历史使其每个时期的统治者都将国防列为国家建设的首要目标。而国民的国防意识直接关系到国防建设的进行,加强全民的国防教育成为巩固国防的最为有效的途径。因此,今天俄罗斯的国防教育被称为“群众性国防工作”,而在俄语中“国防教育”则只用于对其他国家国防教育的称谓。俄罗斯规定,“20~70 岁的公民,不分性别,均需接受法定的国防教育,即使不便行动的老人和妇女也要在家里接受国防函授教育。”同时还规定,16~60 岁的男子和 16~55 岁的女子均需接受民防义务训练。民防队员的训练由主管部门负责人领导,规定每月进行 2~3 小时的业余训练,每年进行 40 小时的脱产集训。大中学校,根据宪法把国防教育和训练列为正式课程,并把军训成绩记入学生档案。

注重历史、充分运用历史传统开展国防教育是俄罗斯国防教育的主要传统和基本思想之一。主要表现在以下几个方面:一是以军事历史课程为主要内容的校内及校外国防教育。俄罗斯从苏联时期开始至今,无论小学、中学、大学,还是大学后教育,所有阶段均要进行以军事史为主要内容的国防教育讲座。而组织学生和青年人到各种各样的国防教育场所参观更是非常普遍。二是以历史人物和事件为主题的国防教育环境建设。在硬件建设方面,俄罗斯大力投资建设专门的国防教育设施,如战争纪念馆和军事博物馆等,并对广大青少年学生长期免费开放。即使在 1995 年经济十分困难的情况下,俄罗斯仍投入巨资修建了规模宏大的莫斯科卫国战争中央纪念馆,以翔实的文字、丰富的图片资料和大量实物展示了卫国战争波澜壮阔的历史场景和艰苦卓绝的战斗历程,充分表现了苏联人民以鲜血和生命捍卫国家尊严的英雄主义气概和爱国主义精神。据统计,莫斯科有历史博物馆 90 多个,其中 27 个军事历史博物馆被列为国防教育场所,长年对外免费开放。此外,城市的许多标志性建筑和街道以历史上著名的民族英雄、政治家和军事将领的名字命名,使历史传统有机地融入城市建设和城市生活空间,使公众潜移默化地受到爱国主义精神的熏陶。在软件建设方面,苏联早在 1927 年就确定每年的 7 月 10—16 日为“群众性国防工作周”,即通常所说的“国防周”,并在国防周期间组织全体公民开展形式多样的国防教育活动,俄罗斯延续了这一做法。除“国防周”外,还确定了“国防十日”“国防月”(群众性国防与体育运动工作月)等全民参与、集中进行的国防教育活动。另外,为强化国民的国家意识和国防观念,每年 5 月 9 日举行盛大规模的反法西斯胜利纪念活动;每年 6 月 22 日,即法西斯德国向苏联发动全线进攻的纪念日当天,在红场无名烈士墓前举行纪念活动,并把这一天确定为“德国入侵苏联纪念日”,以教育全体国民不忘战争历史往事,时刻警示后人保卫国家;每年 11 月 7 日,在红场举行纪念十月革命的阅兵庆典。与此同时,俄罗斯基本上保留了苏联时期所有的国防教育全民性活动,如“全苏支援陆海空军志愿协会”“‘小鹰’军事体育游戏”“少年军校”等具有本国特色的国防教育模式也以俄罗斯的名义得以保留。

突出对公民的军事爱国主义教育是俄罗斯国防教育的主要特点。在俄罗斯，军事爱国主义教育几乎等同于国防教育，军事爱国主义是国防教育的主要内容。因此，重视爱国主义尤其是军事爱国主义教育是俄罗斯国防教育的核心内容和重要思想。《俄罗斯联邦国防法》第 7 条明确规定：俄罗斯联邦主体执行权力机关和地方自治机关与军事指挥机关相互配合，在自己的职权范围内开展对俄罗斯公民的军事爱国主义教育。《俄罗斯联邦兵役义务与服役法》第 3 章第 14 条第 3 款明确规定，“对公民军事爱国主义教育活动的拨款由联邦预算支付。在征得预算资金所有者同意后，该项活动的补充拨款可从俄罗斯联邦主体预算资金、地方预算资金和非预算资金支付。”为切实加强军事爱国主义教育，俄罗斯各地方政府也同时制订了许多相应的规章制度，并采取措施来推动国防教育。

3. 青少年国防教育

青少年是一个国家和民族的未来。国家的进步和发展、民族的繁荣和昌盛在很大程度上取决于青年一代的素质。在俄罗斯的国防教育思想中充分体现了这一点，始终把青少年作为教育的重点。其中，最具特色的当属俄罗斯的少年军校。俄罗斯正规的武装部队和军事学校也利用自身的社会影响力，积极履行对青少年进行国防教育的社会职能，周期性地组织部队开放日，邀请青少年和家长到部队参观、了解军队和军人的日常生活。俄罗斯中等和高等军事院校联合全国各级普通学校定期举办军事奥林匹克竞赛，其中包括军事数学、信息学、射击战术、化学和生物防御等科目。

此外，俄罗斯不断完善军事俱乐部，使其日渐成为俄罗斯青少年国防教育的主要载体。该类军事俱乐部是本着自愿、自治的原则，根据民间倡议形成的社会公益性组织，在锻炼青少年身体素质和弘扬爱国精神方面发挥着重要作用。从课程上来看，大多数俱乐部通过教授俄罗斯军事史和战争史以激发青少年的爱国情怀,通过严格的军事训练培养青少年正义、勇敢、坚毅、团结的道德品质和强大的体能素质。目前,据不完全统计,俄罗斯大约有2000家各种类型的爱国主义俱乐部,仅在莫斯科就有上百家,包括军事爱国协会、军事体育俱乐部、军事历史协会、军事训练营、退伍军人俱乐部等。随着市场经济的迅速发展,以营利为目的的青少年军事训练社会组织和夏冬令营也日益增多,这些社会组织既迎合了市场需要,又弥补了国家在青少年国防教育财政拨款方面的不足,也拓宽了青少年接受军事训练的渠道。

近年来,俄罗斯政府加大了对青少年的国防教育力度。《俄罗斯联邦公民爱国主义教育(2016—2020)》指出,在11~17岁,应注重培养青少年对军事历史的了解和研究,以及对战斗英雄功勋人物的崇敬之情;促进青少年广泛参加军事爱国主义教育社会组织,如军事体育俱乐部、军事历史协会、军事侦察小组、关爱老兵志愿者协会等,通过亲身经历社会活动,让青少年体会战争历史,培养其爱国情感。俄罗斯政府也参与其中,制定国防教育政策的政府部门就有国防部、国家军事历史文化中心、教育与科学部。此外,俄罗斯政府也会举办一系列注重应用性和实战性的军事训练活动,且不同机构具有各自的训练侧重点。例如,军事体育训练营“侦察兵”的主要训练内容是青少年野外生存,包括露营和急救、运用战略战术进行攻击、防御、伪装、埋伏、突袭等活动;军事爱国主义夏令营“哨兵”的训练重点是拆卸和组装卡拉什尼科夫突击步枪、射击、格斗、野外行军、模拟作战等。知名度较高的是位于茹科夫斯基市郊外的“贝凯特”军事体育俱乐部,年龄较小的孩子主要学习徒手格斗、如何使用地图和指南针、进行耐力行军;12岁或者年龄更大的青少年学习使用AK-47自动步枪和其他轻武器、投掷手榴弹等技能,进行攀岩和高海拔训练,学习地形学、战略理论、战术技术等。

除了军营、社会机构，俄罗斯还将与国防教育密切相关的爱国主义教育引入课堂。近年来，一系列军事历史手册、回忆录宣传册、档案文献、战争日历、教科书和儿童读物在俄罗斯出版并走进了中小学的校园，如《俄罗斯军事博物馆的展品》《俄罗斯军事历史地图》《俄罗斯正规军的创建和发展》《俄罗斯的军事荣耀——祖国捍卫者的记忆》《俄制武器发展史》等。其中，相当一部分成为普通学校在校生的必读和选读书目。为进一步拓宽国防教育的普及范围，俄罗斯政府还举办了许多国防和军事知识的展览和讲座，开设了国防和军事教育主题的电视、广播节目，并创办了一些宣传军队和军事力量的网站，如"俄罗斯爱国者""英勇无畏"，设计并推广了一些符合青少年喜好的军事网络游戏。

作为一项特色，俄罗斯的军事教育在青少年阶段就已经蓬勃开展。俄罗斯军队各军种都设有自己的少年军校，陆军少年军校称为"苏沃洛夫军事学校"，全俄共有 23 所；海军的少年军校称为"纳希莫夫海军军事学校"，全俄只有 1 所；还有 3 所是为具有军事天赋的少年开设的"空军工程学校""军事通信电子科技学校"和"军事体育文化学校"。少年军校全部归属俄罗斯国防部管辖，学校的生活和训练均按照正规部队生活训练标准进行。少年军校招收 12 岁左右的学员，一入学就开始进行严格的军事化训练，如学习如何装配和使用突击步枪、跳伞、铺设管线、应对生化武器攻击或专业的军事科学技能等。正是这种严格的训练，使具有军事天赋的青少年在日后成为俄军的优秀人才。少年军校毕业后，合格的学员会进入高等军事院校继续学习，成为高质量的军事人才。

4. 高校国防教育

近年来，俄罗斯大力加强对高校学生的国防教育。一方面，在高校中设置国防教育或军训教学管理机构，负责对学生进行专门的国防教育和军事训练；另一方面，在高等教育阶段设立军事课，以军事体育、军事训练等不同形式开设课程，并列入学期教学计划，以便更多、更好地培养国防人才。依据《俄罗斯联邦兵役义务与服役法》和《俄罗斯联邦预备役公民军事训练条例》等法规，俄罗斯政府确定了包括大学生军训在内的预备役军事训练等一整套具体、明确、可行的制度。国防部还负责制订施训的国家教学标准、训练大纲和教学法，协助地方高校为军事教研室提供必要的设施，并拨款修建训练基地。

与此同时，俄罗斯的高校还利用自身优势给学生提供了许多接受国防教育的机会。例如，组织学生在重大节日和庆祝仪式上进行游行集会，邀请地方知名人士、参战老兵给高校学生做报告，在校园内修建一系列雕塑和纪念馆，唤起青年学生的爱国意识。有的高校甚至为了国防教育宣传，在自己的校名上加上历史英雄人物的名字。地方高校也和驻军、军事院校合作进行国防教育活动，通过军事色彩极浓的文艺作品来感染青年学生，激发他们的爱国热情。

另外，自苏联时期开始，每一所高校都设有军事教研室，较大规模的高校则会设立军事训练系，其中最有名的是莫斯科国立大学军事训练系。除了贯彻落实高校日常的军事训练与军事课教学任务，一些专业实力突出的高校会增设专业军事系，为部队培训技术干部。如果该校的医学实力较为突出，就会开设军事医学系；如果该校的经济学实力较强，就会开设军事财会系。在军事系就读的学生，其待遇与训练要求和俄罗斯的预备役部队一致，所在地军事部门会按照预备役人员的训练方法训练他们，同时还会监督高校对学生的教学情况。设有军事系的地方高校，其他的院系和教研室也会承担军事系的一部分教学任务。同美国的后训团不同，俄罗斯的军事系教育以培养专业技术干部为主要目标，如果军队不再需要相应人员，则会立刻停止招生。

（三）英国的国防教育

英国的国防教育不同于美俄两国。英国既没有专门负责国防教育的政府或军队机构，也没有专门的国防教育法律，其国防教育更偏重回顾历史，通过展现历史上英国军队的辉煌成就和艰难的战斗历程来唤醒国民们的忧患意识，激发人们的爱国热情。

几百年来，英国留下了许许多多的战争遗迹和纪念设施。尤其是第二次世界大战结束后，英国的许多战时设施被继续保留用作国防教育。例如，第二次世界大战时期英国政府要员指挥战争的地下室，如今已被改造为内阁战争博物馆。博物馆入口是不足 10 平方米的长厅，长厅一侧是用玻璃罩着的德国人投下的炸弹，另一侧则贴满了当时反映战事的报纸。战时内阁会议室和地图室、工字钢加固的屋顶、丘吉尔的办公桌、代表不同级别的五颜六色的电话机，以及用于指挥战争的地图，均原汁原味地保留下来，提醒人们不要忘记那段刻骨铭心的日子。

英国最常见的战争雕塑和碑刻也在不断发挥着国防教育的作用。从统率千军万马的帝王将相到军队中的无名士兵、再到为战争默默奉献的普通妇女，英国的战争雕塑种类繁多，很容易让人联想起过去大大小小的战争。一些纪念设施深受重视，如阵亡战士纪念碑，每年 11 月，女王都要携王室成员和内阁成员来到这里，向阵亡将士敬献花圈。即使没有从军，只要为战争胜利做出了贡献，人们同样不会忘记，邻近伦敦塔的一座微型绿地公园里的墙上，刻着 24000 名第二次世界大战期间英国商船队和渔船队中葬身大海的船员的名字。除了单纯的展览外，英国的国防教育设施也十分注重与观众的互动。在英国皇家海军学院的一侧，游客通过水陆两用战车体验“D 日行动（诺曼底登陆）”。虽然只有短短几分钟，但狭窄的空间、真实的颠簸，让人更能体会到胜利的来之不易。丘吉尔博物馆提供了免费的语音导游器，使观众可以按照自己的兴趣和速度进行参观，触屏显示器便于与游客进行互动，特别是别具特色的“时光胶囊”包含了丘吉尔在不同时期的演讲以及他的生平事迹。这些互动及逼真的体验，能够让人从心底里萌生报效国家的责任意识。

（四）法国的国防教育

受第二次世界大战屈辱的“亡国史”影响，法国在战后十分重视国防教育。为完善国防教育体系，法国政府颁布了一系列法律，将国防教育纳入法制化轨道。其中，有代表性的法律有《国防法》《国民兵役法》《招募法》《特别征兵法》《国防组织法》《防卫总组织法》《总动员法》《国防通信法》《军事交通法》《民防法》《征用法》等。1997 年年底，法国政府颁布的新兵役法首次明确规定，从 1998 年新学年起，全法国的中学将增设国防教育课，以增强青年人的国防意识。同时，自 1997 年 10 月起，法国所有 16～18 岁男性适龄青年都必须参加为期一天的“国防准备”活动，其主要内容包括学习和了解有关国防目标防务的组织及其手段，服志愿兵役的形式等。2010 年开始，16～18 周岁的女性适龄青年也要参加此项活动。该活动既增强了青年们的国防意识，又有助于青年人在感性认识的基础上，提高对军队的兴趣，对他们今后服兵役或成为职业军人将产生积极作用。

此外，法军还要求各军事院校加强与地方院校的交流，鼓励地方院校从事各项国防研究，并为其研究活动提供方便。在进行国防教育时，法国政府特别注重全民参与。半个多世纪以来，法国形成了这一传统，每当遇到国家安全、军事战略调整和军备平衡等重大国防问题时，政府就会利用媒体进行民意测验，以听取收集人民的意见。这样，人们在为政府建言献策的同时，其国防意识也得到了强化。

(五)瑞士的国防教育

瑞士被人们称为“永久中立国”,至今已经保持了五百多年的中立状态,两百多年没有与其他国家发生战事。瑞士长期以来的和平得益于扎实的国防教育与国防动员机制。

由于历史上的长期战乱与外族入侵,瑞士提出了“和平时期避免战争危险、不卷入争端、不结盟、不参加任何形式的军事安全体系,以自身军事力量保卫国家的政策”。1815 年,瑞士颁布了第一部国家宪法,将“全民皆兵”“武装中立”正式确立为基本国防政策。

1971 年,瑞士从自身实力和国际环境的变化出发,制定了“总体防御”的军事战略,又称“刺猬战略”。瑞士认为,刺猬不会主动进攻,但遭到侵犯时,可以凭借长满刺的特性免受伤害。瑞士要想长期保持中立,也必须要拥有像刺猬一样威慑对手的能力,即通过“全民皆兵”的方法建立和保持一支强大的军事力量。瑞士出台了一系列制度措施,通过改良兵役制度“实施全民国防教育”对役龄公民进行军事培训“加强民防建设”等方法,将军人服役、训练与动员三者紧密结合起来。同世界上大多数国家的军队相比,瑞士的军队更接近于“民兵部队”,但是这支军队训练有素。瑞士全国平时虽然只保留 3722 名职业军人,但战时可在 90 个小时内动员 37 万以上受过正规训练的民兵参与作战。1938 年,瑞士曾经进行过一次国防动员演习,在 90 小时内成功动员了 72 万的军队,高效的国防动员能力加上完备的军事设施,使希特勒放弃了进攻瑞士的念头。

瑞士规定,凡年满 18 周岁的男性公民,包括加入瑞士籍的外国男子,必须服兵役,女性公民可自愿选择是否服兵役。逃避兵役者每年都会被征收重税,情节严重者甚至会被判刑坐牢。入伍第一年,新兵需要在所属的军兵种学校中,接受为期 17 周的军事训练,主要学习武器操作、通信、装甲、战场救护等专业技能;而后定期要到部队或院校参加复训,直到72岁。瑞士男子一生服兵役的时间平均为322天。退出现役后,会自动转为预备役,同时保留在军队中的职务。为增强国防意识,瑞士还通过多种方式积极推行全民国防教育。瑞士人认为,瑞士能够200多年没有战争,与他们融入血液的国防意识密不可分。

瑞士政府也认为,培养公民的国防意识是一项长期任务,必须要发动各阶层、各部门的力量,开展形式多样的全民国防教育活动。为此,瑞士政府依托新闻媒体,积极向全民介绍国家安全形势、国防战略、防务政策,使全社会都了解和关心国家的防务问题。同时,政府还注重依托学校对12~19岁的青少年进行役前教育,让他们学习国防和军事知识,激发学生的爱国主义精神和保卫国家的责任感,为入伍打下坚实基础。为接近民众,瑞士军队也会定期举行军营开放活动和阅兵活动。

除了常规的军队之外,瑞士也十分重视民防力量。瑞士《民防法》中强调:"民防是国防的重要组成部分,是'不带枪的国防'。"为此,瑞士在市镇一级都编制有民防部队,主要承担轮训民防人员以及开展民防教育等任务。

(六)以色列的国防教育

奉行全民皆兵的以色列,注重通过多种形式和手段来强化广大官兵对国家的忠诚感和爱国心,充分发挥职业军人的主导作用,大力弘扬集体合作精神,激发官兵的战斗意志,为民众保卫国家做好榜样。主要体现在以下方面:

注重将国防科普教育置于全民国防教育浓厚氛围之中。以色列军队科普教育时刻都在全民国防教育的浓厚社会氛围中进行,官兵即使不在军营之中也能强烈感受到爱国主义气息,时时处处都在接受教育熏陶，时刻都能深感肩负的历史责任，从而使军地密切配合，军内外两种教育相互促进。以色列自 1947 年复国以来，一直推行全国军事化方针，实行全民皆兵、军民兼容的军事体制。为了有效调动全民战斗积极性，提高国民国防观念，以色列注重采取各种形式向国民尤其是青少年进行国防教育。通过展示 2000 多年来犹太人流离失所、流散各地的苦难历程，教育国人铭记悲惨历史遭遇，激发民众的爱国热情。以色列还注重举行重大军事纪念日活动，每逢独立日、阵亡将士日、死难犹太人纪念日等特殊日子，政府都要大张旗鼓地举行各种活动，宣扬民族英雄业绩，歌颂革命英雄主义精神；政府还利用“哭墙”、纳粹大屠杀纪念馆等教育人们牢记历史、珍惜生活、保卫和平，这些都对以军教育起到了正向强化作用。同时，注重用丰富的军队科普教育内容促进官兵全面发展，以军特别注重全程穿插公民的国防教育的内容，以培养全面发展、军地兼通的现代军人。以军在每项军事训练计划中都留出若干天来进行公民“系列国防教育课”，上课地点设在大城市附近军营以外的专门学校里，依据预先设定的课程上课，官兵吃住都在学校，时间大约两周，这期间不安排其他军事教学活动。教育内容有 4 部分：一是战斗精神教育，讲述军史、战史、各部队战斗史和英雄事迹等；二是人际关系教育，传授集体主义、领导和组织方式、为人处事方法；三是公民责任教育，讲述犹太人历史、阿以冲突、时事政治和当今社会问题；四是国土知识和文化传统教育。通过灌输这些公民教育内容，既向军人传授了必要知识，开阔了视野，又有助于军人形成正确的观念，强化公民意识，还增强了军人的国家认同感，即每个人都深入了解国家、热爱国家。不仅保持了军队活力和战斗力，而且军人即使退伍回到地方，也能较快适应社会，成为有益于社会的现代合格公民。

注重以维护军人崇高地位推进国防科普教育。以军特别重视保障官兵的社会地位，以此促进军队科普教育。以军一直被认为是国家目标和性质的主要象征,被奉为国家意识的教导者和新文化的杰出代表。加之,以色列长期面临敌对环境和战争威胁,因此,军队和军人在以色列具有崇高社会地位,广大以色列人把当兵看作是一生之中值得自豪的大事。一个人在社会上是否受人尊敬、地位如何,直接取决于其从军服役的态度和经历,假如没有正当理由或经过法定程序而逃避、拒绝服兵役,就会被大家视为懦夫和对社会不负责任者,难以立足于社会。同时,无故不服兵役者也会受到经济损失、信誉损害,贷款、职务晋升、社会福利等都因此受到重大影响。正是由于以军具有崇高社会地位,并且得到全民认可,所以,以色列官兵服役的自豪感和荣誉感很强,当兵打仗意识、崇尚荣誉的意识都非常强烈。同时,注重将形象化科普教育与网络媒体全时空渗透有机结合。在国防科普教育中,以军经常组织现役军人在国内游访,熟悉各地情况,游览名胜古迹,参观博物馆、经济发展区和繁华工业中心;结合讲授地理课、国土常识课、传统文化历史课等,组织院校学员到农村参观,引导学员认识和掌握本国风土人情与历史文化,强化了个人与国家、国土的有机联系,增强了官兵捍卫国家主权和领土完整的责任感。除了这些形象化、生动化的教育实践外,以军还善于发挥网络媒体的作用,经常主动邀请媒体对其活动进行报道,军情部门不定期地对国家安全形势发布评估意见,及时宣扬军队履行职责使命的实战能力。军队媒体及时宣传军人圆满完成各项任务等光辉事迹,“军中广播电台”已经发展成为以色列最受欢迎的电台,一天 24 小时广播,内容相当广泛,虽然表面上宣扬“价值中立”,但实际上把犹太复国主义和军队历史使命教育融入娱乐之中,既教育了国民也引导了官兵。以军军事刊物十分丰富,有几百种,在军内外广泛发行,全面介绍军队的各种活动,各个军种、兵种都有自己的杂志。这些都使以军科普教育能够布满生活的全部时间和空间,提高了教育的渗透性,深化了教育效果。

（七）印度的国防教育

作为总军力在世界上排在前10位的国家，印度在宪法中规定："印度的国防政策应致力于通过谈判和地区各国之间的合作来维护南亚大陆的持久和平，同时将保持军队的高度战备能力，以回击来自外敌的任何侵略。"印度开国总理尼赫鲁在英国人的监狱中曾经写过：印度要么做一流大国，要么就沦为别人的附庸。可见"立足南亚，控制印度洋，做世界上能同美国平起平坐的一流大国"作为印度的雄心，在其独立前就有，是一以贯之的。

在国防教育方面，印度最大的特点是通过建立庞大的国民学兵团组织来加强青少年的国防教育。国民学兵团建立于1943年，是一个以青少年为重点对象进行国防教育和军事训练的组织。在印度，青少年主要通过加入国民学兵团来接受军事训练。国民学兵团被纳入二线预备役部队，由国防部直接管理，面向印度在校中学生、大学生进行招生，司令由一名具有中将军衔的高级军官担任，学生自愿申请加入。学兵团的宗旨非常明确：培养青年的领导能力、良好品德、友谊、体育技能和为社会服务的思想；建立一支有组织、有纪律、能在国家危急时刻为国效力、挺身而出的生力军；通过训练，激励学员未来进入武装部队。学兵团中的学员根据年龄和性别被编入初级班或高级班。初级班年龄为13~17岁，培训期为两年；高级班则为18~26岁，培训期为三年。学员可根据个人兴趣选择加入陆军、海军或空军。目前，印度国民学兵团总人数已超过130万，遍布全国各地。在训期间，所有学员每周必须至少参加4个小时的训练课程。此外，每个学员还要至少参加一次为期9~10天的年度训练营。如果能够入选"共和国日训练营"，就意味着该学员可以参加一年一度在印度首都新德里举行的国庆阅兵表演，表现出色者还有机会获得印度总理颁发的特别优秀学员奖。

为把学员打造成合格的预备役成员，印度政府为学兵团制定了严密的训练大纲，对每一具体科目都规定了具体课时。其中，普通训练占70%，包括队列操练、武器训练、个性和领导力发展、灾难管理、探险等；特别训练占30%，针对学员所选择的不同兵种而设置，陆军训练包括车辆驾驶、地图判读、电报抄收等；海军训练包括航海导航、反潜作战等；空军训练包括风行导航、气象、无线电通信等。半个多世纪以来，通过国民学兵团这一政府出钱、专门机构出力、青少年广泛参与的国防教育方式，印度国民的国防观念和意识得到不断强化，为印度武装部队提供了源源不断的后备力量。印度总理莫迪、国防部长帕里卡尔都曾是其中一员。

（八）韩国的国防教育

冷战结束后，随着美国东北亚地区战略的调整，韩国于1994年从驻韩美军手中收回了平时作战指挥权，开始独立负责本国军队的警戒、巡逻、演练、调动、部署及拟定作战计划等事宜。自进入21世纪以来，韩国积极适应周边安全环境，及未来作战样式的变化。对战略思想、军队体系、国防工业等进行全方位的改革，推动韩国军队朝着质量效能型和技术集约型的方向转变，以期实现“自主国防”。

2017年6月20日，文在寅总统曾公开表示，韩美两国已经达成协议，韩国将在条件成熟时收回战时作战指挥权，其中包括制定与修改战时联合作战计划、准备与实施联合演习、早期预警和联合警报管理的权力。由此可见，一旦韩国收回战时作战指挥权，韩美军事同盟关系将彻底转变为韩国在所有战线发挥主导性的防御作用，美国则处于协助地位。因此，韩国需要加速推进国防和军队建设，尽快缩小与美军在军事思想和作战能力方面的差距，实现新型韩美军事同盟关系的转变。

错综复杂的局势迫使韩国必须面临并完善军事教育系统。目前,经济的迅速发展为韩国努力实现“自主国防”奠定了基础,韩国国防部在《国防教育训练方针》中指出,教育训练的最终目的是造就“强大的战士和强大的军队”,并确定了三个具体目标:培养具有条件反射般应对能力的坚强的战斗人员;培养具备军事知识技能和领导能力的创造性军事专家;培养时刻保持战斗状态的精锐部队。

韩国军队的教育训练按照其实施主体,可以分为院校教育和部队训练两部分;按教育训练的内容,可以具体分为精神教育、学术教育、技能教育、战术教育、体力锻炼、内务教育 6 个方面。韩国军事院校种类齐全,其中国防大学、护士士官学校和军医学校 3 所院校为国防部直属院校,其他院校为各军种所有。陆、海、空军本部不仅有直属的士官学校,各军种所属的教育司令部还管辖着多所院校。而这些军事院校可分为初、中、高三级。初级院校包括各军种的士官学校、副士官学校以及各类专业技术学校,主要负责培养初级指挥军官和专业技术人员。中、高级院校负责现役军官晋职前的培训和任职过程中的进修深造。其中,陆军大学、海军大学和空军大学是培养校级军官的中级院校;国防大学为高级院校,主要培养大校及将级军官,可以说是韩国军队的最高学府。作为韩国著名的高等院校,陆军士官学校和海军士官学校创立于 1946 年,空军士官学校创建于 1949 年。韩国陆、海、空三军的士兵应召入伍后,都要在训练所进行为期 4~8 周的新兵训练,完成从老百姓到军人的转变。以后还要根据军种和岗位的不同,到相应的兵种学校进行专业知识和相关技术培训,才能分配到各自岗位服役。

在教员素质方面,韩国军事院校教员分为军事课教员和文化课教员。教授军事课程的教员都有丰富的一线部队服役经历,业务能力较强;文化课教员大多聘请地方大学优秀教师兼任,所有教员的选拔和任用都有非常严格的制度,以保证师资队伍的教学水平。

在军校教育方法方面，主要采用以学生为主导的参与型教学和以战术运用为主导的讨论型教学，注重提高学员的创造性和对战术的理解。而在学员的综合评价方面，其重点是战斗技术、战术指挥和精神战斗力。此外，韩军还注重与国外军事院校的教育交流，每年派遣300人左右的学员前往美国、日本、英国等30多个国家的指挥参谋学院、兵种学院、士官学校等院校留学，学习多国军事知识，培养地区军事专家。

除了强大的国防教育系统，韩国的兵役制也值得我们思考。韩国是目前世界上少数几个实行义务兵役制的发达国家之一，而且一直以来都以其兵役制度的严苛而著称。其现行的征兵制度始于朝鲜战争期间。韩国军队是1948年在美国政府的扶持下建立起来的。为加速扩军，1949年8月，韩国颁布《兵役法》，宣布实行全民皆兵制，但这一次尝试由于美国的不支持而很快夭折，其政府不得已实行了志愿兵役制。在朝鲜战争初期，韩国军队在北方的强劲攻势下溃不成军、损失惨重。为补充兵力，1951年5月，韩国修订《兵役法》，重启义务兵役制，这一次由于正处于战争中，美国对此不仅未做限制而且取消了韩军定员10万的规定。在战后的韩国，历任军政领导人都把裁军视为威胁到自身政权安危的事情而极力回避。不仅如此，为了应对当时南北对峙的紧张局面，1968年朴正熙又创建了乡土预备军。到了20世纪90年代初乡土预备军部队一度达到420万人，将韩国实实在在地变成了一个“军营国家”。韩国兵役制度严格而繁琐，男性满18岁当年的1月1日，即被编入第一国民役。年满19岁则要前往兵务厅指定场所接受体检，并按照身体情况分为七个等级，其中一到四级为合格，可服现役和各种补充役；五到七级为不合格，需编入第二国民役、免除兵役或再次接受身体检查等。那些符合条件的男性在年满20岁的当年，将会收到兵务厅的入伍通知，但如果是在校学生，则可以延后入伍。服完现役和补充役的士兵，退伍之后还要在乡土预备军中服役 8 年，然后转入民防卫队，直到 40 岁才算是完成所有的义务。预备役和民防卫队每年只需进行几天或几小时的训练，对正常生活没有大的影响。但服现役，则要远离家人和朋友，训练严酷、条件艰苦，因此现役时间的长短，一直是韩国百姓关心的大事。韩军创建的初期，各军种的服役年限一度长达三年多，随着人口数量的增加，兵源保障充足，服役年限得以逐渐缩短。目前，陆、海、空军的服役时间分别为 21、23、24 个月。作为韩国著名的高等院校，陆军、海军和空军士官学校招收对象为 17～21 岁的优秀高中毕业生，学制为四年制，毕业时会授予学士学位和少尉军衔，毕业后义务服役期为 10 年。士官学校的选拔考试共 3 次，第一次为文化课考试，考试内容有韩国语、英语和数学；第二次为体检和面试，多安排在每年的 8 月；第三次考试是参加 11 月全国统一大学入学考试。最终结果会在 12 月公布，入选者于第二年 2 月入学。除了接受大学本科基础教育，三军士官学校学生还要完成特殊的军事训练课程。各士官学校每年招收的人数为 100～400 人，学校实行学分制，淘汰率为 20%～25%。而创建于 1968 年的陆军第三士官学校是陆军本部直属的一所学校，招收大学二年级以上或完成二年制大专课程的优秀青年，学制为两年制，毕业时授予学士学位和少尉军衔，毕业后义务服役期为 6 年。韩国陆、海、空三军的士兵应召入伍后，都要在训练所进行为期 4～8 周的新兵训练，完成从老百姓到军人的转变。以后还要根据军种和岗位的不同，到相应的兵种学校进行专业知识和相关技术的培训，才能分配到各自岗位服役。而副士官的来源分为两种：一种由现役士兵本人提出申请，通过后将进行 12 周的教育培训；另一种是非现役人员通过三军每年定期的考试入伍，入选后还需接受 17 周的教育训练。副士官的义务服役期为 4 年，期满后可以申请转为长期服役。

第三节 国外国防科普对我国的启示

国外学者较少使用科普一词，“science popularization”多出现在对科普历史的相关研究中，使用较多的是“science communication”一词，与大众科普相对应，在美国科普被称为“公众理解科学”。在英国科普的含义更加广泛，既包括科学家对公众的科学知识传播，也包括公众对科学的认知和态度，注重公众在科技发展过程中所发挥的作用。世界许多国家的教育体系和国防建设体系中都有国防教育的环节，尽管各国情况不同，但在向国民灌输国家安全意识、储备国防知识和技能、注重完善国防教育立法等方面却是共通的，我们应借鉴其有效的国防科普手段，积极推进我国的国防科普教育事业不断发展。

（一）完善法律法规，加大政府指导

国防科普教育贵在群众参与，难在长期坚持，重在政府指导，才从根本上保证国防教育的长期性、规范性和稳定性。加大政府对国防教育的指导和参与力度，不仅要依靠行政手段推进，更要靠法规制度保障。例如，俄罗斯重视院校国防教育，把各类大学、中学和专业学校作为开展国防教育的主阵地，从学生开始增强国民的忧患意识和民族凝聚力。普京当选总统后发布的第一批政府令中，就明确要求在学校恢复已中断多年的学生军训制度，并计划在大学和中学增加民防课程。俄罗斯要求每一个公民在服役前必须在有关教育机构或培训场所学习掌握有关国防公民兵役义务的初步知识和民防方面的技能。公民服役前的军事教育，主要由俄罗斯政府、联邦主体执行机关和地方自治机关与联邦国防部、有兵役任务的联邦执行权力机关、社会团体的主管人员共同组织，并且由俄罗斯国防部、有兵役任务的联邦执行机关与联邦教育权力部门，共同制定教育和训练的标

准、大纲及教学法。为了加强对青少年,尤其是在校学生的国防教育,俄罗斯国家杜马2003年还通过法案,要求俄罗斯普通学校的中学生每年到就近部队的基地内接受军事集训,各类技校和专科学校的同龄学生也要参加军训。对于高校,《俄罗斯联邦兵役义务与服役法》和《俄罗斯联邦预备役公民军事训练条例》等法规,确定了包括大学生军训在内的预备役军事训练等一整套制度。另外,俄罗斯还建有几十所供学生军训使用的无线电学校、航海学校及航空俱乐部等。

(二)结合国家战略,重视军队作用

1957年,苏联第一颗人造卫星上天,美国保卫国家安全的呼声、追加教育拨款的呼声越来越高,在这种情况下国会出台《国防教育法》,不仅适应了美国当时对军事人才的需求,也推动了整个国家发展,因为从国防安全的角度加大教育经费投入,按照国防需要引导学术研究方向,这种从国家安全的角度开展教育所产生的推动力是巨大的。美国自20世纪90年代以来引领新科技革命潮流、引领知识经济时代,不能不说与它的以国防促教育、从而促进整个国家发展战略密切相关。另外,美国的民间军事学院具有军地两重性,从地方招收高中毕业生,入学后统一着军服,按军队编制编排,过军事化生活,学生毕业后有双重选择机会,或成为一名职业军官,或加入企业。此外,协调社会发展措施也是许多国家推进国防教育的亮点。美国出台相关法案为服兵役的青年提供高等教育机会,同时把提供高等教育机会作为安置退伍军人的一种手段。这样就协调了国家兵役制度与高等教育入学制度,既解决了人们在进行服兵役与升学深造时面临的两难选择,也起到了稳定社会的作用。同时,一些西方国家的军队在国防教育中充当了十分重要的角色。例如,英国军队的各级机构设立公共关系部门和人员,专门负责与地方部门特别是新闻媒体的联系和宣传军队事宜。国防部设国防新闻部,军种设公共关系

局,陆军师、团,海军基地、舰艇,空军基地设公共关系军官,其主要任务是:负责与公众新闻媒体打交道,接受新闻采访,回答公众和新闻界对部队各种行动可能提出的问题;英国军队面向公众和学生做国防宣传,国防部下属有皇家陆军陈述团和皇家空军陈述团及分布在各地的国防宣传小组,并开设面向学生的国防训练课程,开展国防科普活动。

(三)建立科普基地,开展多种活动

目前,很多国家都有类似于军事博物馆这样的国防科普教育基地供民众参观,而且种类比较齐全,专业化程度较高。英国的军事类博物馆主要有英国陆军博物馆、英国皇家空军博物馆、英国皇家海军博物馆、英国皇家战争博物馆、皇家军事博物馆、丘吉尔战争博物馆、英国皇家骑兵博物馆、英国战时内阁博物馆、英国皇家工程兵博物馆、英国皇家战车博物馆、皇家海军潜艇博物馆、皇家陆军军事医学博物馆和 D 日博物馆等。德国也拥有数量众多的军事博物馆,包括汉堡国际航海博物馆、穆斯特德国坦克博物馆、柏林联邦国防军空军博物馆、威廉港德国海军博物馆、北霍尔茨德国飞艇和海军航空兵博物馆、英戈尔施塔特巴伐利亚军队博物馆、海格劳赫核地下室博物馆、库尔姆巴赫“弗里德里希大帝”军队博物馆、科隆军事博物馆、施塔姆海姆军事历史博物馆。这些军事博物馆在德国缺乏系统的国防教育情况下对国防科普起到了很好的作用。同时,国外国防科普教育的活动也多种多样,如美国在每年征募兵期间,美国军方广泛印发有关军队历史沿革、所经历的重大战役战绩、著名将帅和战斗英雄的生平简介等资料图片,在广播、电视、报刊上反复宣传,社会上到处可以见到宣传站,宣传声势很大。同时,充分发动舆论工具,利用征兵简章和各种介绍材料向青年们介绍美军现代化的装备、优越的物质待遇,以及当兵可以周游世界、开阔眼界、增长知识等好处,吸引青年

参军入伍。同时，还开展形式多样、群众喜闻乐见、易于接受的国防教育，注重潜移默化的效果。据统计，美国国防部通过它控制的电视台，每年仅放映军事题材的电视片就达3500多部。

（四）体现民族特征，注重作品创新

日本是一个多灾的国度，地震、海啸时常发生，日本人生来就有着强烈的危机感。日本的国防教育有一个鲜明的特点，那就是始终用危机感来刺激国民对国家安全的关心，以增强国民的忧患意识。日本是一个具有尚武传统的国家，历来十分重视对国民进行爱军习武的教育，如把武士道精神与动漫文化结合起来。日本自卫队就利用这种民族性格，把危机感和传统的武士道精神融为一体，利用流行文化做文章，通过与东宝株式会社、东京映画等影视公司合作，生产了许多让青少年喜闻乐见的电子游戏、玩具和影视剧。比较有影响的影片有《日本沉没》《亡国之宙斯盾》，以及动画片《奥特曼》等。国外一些优秀的国防科普作品传播十分广泛，且影响很大，如英国《简氏战舰年鉴》等。优秀的国防科普作品应该具备创造性、科学性、思想性、通俗性、艺术性、幻想性与浪漫性。创造性是国防科普创作和国防科普作品的本质，但创造并非凭空想象、捏造，而是建立在科学性的基础之上。科学性是所有国防科普作品的生命，失去科学性的国防科普作品也就失去了其存在的价值。思想性是体现在国防科普作品内的科学方法、科学态度和科学精神，包括理想信念、爱国主义、人道主义、科学精神、道德情操等方面的内容，国防科普创作的思想性是内在的，是从国防科普作品中自然表现出来的，不仅仅是贴上一些政治标签或外加一些政治术语。通俗性是用明白晓畅的方式介绍科学，使之生动、易懂。艺术性是由通俗性派生的一个特点，国防科普作品的通俗性常常要求运用文艺形式来表达科学，创作过程中不仅使用逻辑思维来达到以理服人的效果，同时还采用形象思维，使之

以情动人。国防科普创作需要幻想，要有浪漫性，这不仅有利于人们在轻松愉快中得到科学技术的普及，同时也有利于激发人们对未知世界的探索。科学幻想应当是在科学的基础上的幻想。这种国防科普作品不仅仅是国防知识的载体，而且是针对受众学习国防科学知识的过程所设计的融知识、技能、方法、人格教育于一体的“综合指南”。

（五）重视学校教育，筹集多方资金

美国、俄罗斯、英国、澳大利亚等不少国家都有童子军的设置。少年军校是俄高等军事学校新生的主要来源，目前俄军各军种都设有自己的少年军校，专门招收 12~16 岁的军人子弟和优秀中学生。少年军校被纳入俄军院校编制，一般学制 3 年。学员在校住宿，军事化生活。全部生活费用由国家供给。学员入学后着特制军装。俄罗斯少年军校十分注重培养小学员们坚强的军人意志和崇高的军人理想，同时强健他们的筋骨，使其尽快成为合格的军人。此外，从西方发达国家的国防科普经费来源看，国防科普经费也不是完全依靠政府财政拨款，尤其是对于经常性国防科普工作之外的国防科普项目普遍采取“费用分担”的资助方式。例如，美国建立了由国家科学基金会管理的科普基金支持制度，并建立了一套调动企业和社会资金实施科普项目的机制，作为科普重要组成部分的国防科普可以从中获得部分活动经费，有效保证了国防科普工作的连续性。通过这些机制，政府向愿意从事国防科普的专业机构、科技团体、大众传媒、大学研究机构等提供资助，支持它们开展国防科普项目。

第六章　我国国防科普工作的思考与建议

国防科普工作是一项打基础、管长远的战略性系统工程，关系到国防科技、武器装备、军队建设和军工文化的持久塑造，需要久久用力、常抓不懈。近几年来，我国的国防科普工作取得了较大成绩，国防科普能力建设速度明显加快，科普与科研"同等重要"的集体认知正在加强。虽然，国防科普工作还存在一定的短板，但已打造了一批国防科普特色品牌，锻造了一支素质较高的国防科普人才队伍，初步形成了全社会协同推进国防科普的合力，为今后更好地开展国防科普工作奠定了基础。

第一节　我国国防科普工作的思考

纵观人类科技发展史，科技创新决定创新发展的高度，反映国家科技文明水平；科学普及决定创新发展的广度，是社会整体文明程度的标尺。科学普及是科技创新的社会根基，没有科学普及，科技创新就是无本之木；科技创新是科学普及的知识源头，没有科技创新，科学普及就是无源之水。建设科技强国，实现创新发展，科技创新能力的强大和科学普及能力的提升缺一不可。当前，世界新一轮科技革命和产业变革蓬勃兴起，对人类生产方式、生活方式和社会治理方式产生深远影响。

（一）做好新时代国防科普工作具有重要现实意义

我国已确立到2035年左右进入创新型国家行列，进而跻身世界科技强国的宏伟目标。近年来，国家持续加大科普投入，制定实施了《全民科学素质行动计划纲要》等一系列顶层规划，为科普工作发展创造了良好的条件。据不完全统计，2018年政府科普经费拨款120余亿元，拥有各类科普场馆1400余个，专职科普人员20余万人，兼职人员170余万人。“科学普及”之翼的不断壮大正在助推我国加快迈向科技强国。科学普及是科学精神传播、创新人才涌现的基础支撑。人才是发展的第一资源，国家间竞争越来越表现为人才的竞争。人才的涌现源于强大的公民科学素质和创新文化积淀。中华文化在与近代科技发展的相互激荡中不断丰富着科学精神和科学思维的内涵，一代代中国科技工作者在追求科技进步、服务国家和人民的伟大实践中，孕育发展的中国科学家精神，已成为中国特色社会主义文化的重要组成部分。

近年来，随着“两弹一星”元勋、国家最高科学技术奖、国家勋章等的评选，以钱学森、于敏、黄旭华等为代表的中国杰出科学家的事迹和精神广泛传播，在社会上引起巨大反响，极大地激发了公众的爱国情怀和科学热情。在国防科普的过程中，弘扬科学家精神，让公众在潜移默化中受到科学精神和科学思想的熏陶，激励一代代人投身到国防科技报国、服务人民的伟大事业中，促进创新人才不断涌现，具有重要现实意义。

党的十九届五中全会站在党和国家事业发展全局高度，按照党的十九大对实现第二个百年奋斗目标做出的分两个阶段推进的战略安排，综合考虑未来一个时期国内外发展趋势和我国发展条件，对

“十四五”时期我国发展做出系统谋划和战略部署，描绘了我国进入新发展阶段的发展蓝图。科学普及是推进国家治理体系和治理能力现代化的重要助力，国防科普作为国家科普工作的重要组成，在新时代社会转型的大背景下，是提升公众科学素质、开发人力、培育人才的基础手段，也是消除伪科学，实现社会善治与和谐稳定的重要途径。

众所周知，由于公众科学知识的匮乏，2011 年日本福岛核事故后，国内曾发生抢盐风波，造成社会恐慌。因此，通过提升科学素质，不断增强公众的科学理性，提高鉴别真伪、不信谣不传谣等方面的能力，促进社会和谐稳定，不断提高人民群众参与公共事务和社会治理的意识、能力和水平，助推国家治理体系和治理能力现代化，具有重要现实意义。

（二）国防科普工作取得的主要成绩

一个国家的科普能力主要体现在利用丰富的资源向公众提供科普产品和服务的综合实力。我国《中长期科技规划纲要》和《科学素质纲要》中均明确了科技传播内容资源建设的重要战略地位。国防科普作为面向公众传播的国防科学技术活动，同样受内容资源质量的影响。中国科协与科普作家协会所属的国防科普委员会近 40 年来一直致力于国防科普工作，所开展的全国性国防科普知识竞赛、国防科普推荐图书、国防科普研习活动等均形成了品牌效应。作为国防科技工业的主管单位，从国防科工委到国防科工局，以及核工业、航空、航天、船舶、兵器、电子等军工集团，一直高度重视国防科技科普工作，国防科工委时期出版的《国防科技知识普及丛书》《国防科技工业名词大典》至今仍有很高的权威性。近年来，随着“嫦娥”探月、“华龙”出海、航母交付、“蛟龙”深潜、“歼-20”首飞、新中国成立 70 周年大阅兵、国家荣誉勋章颁发等活动的举行和《飞向月球》《流浪地球》

《激情的岁月》等影视作品的推出，国防科技受社会关注度持续升温，科学家的社会影响力不断扩大，公众对国防科技科普的需求不断高涨。随着国防科技科普阵地不断拓展，由传统的纸媒和电视扩展到互联网、研学基地、展览馆等，多方面、多维度助力国防科技科普事业的发展。以《兵器知识》《舰船知识》《航空知识》等为代表的行业科普期刊聚集了大量内容资源；一批具有行业及历史特色的博物馆、科技馆，成为公众了解行业发展的重要渠道；大量科研院所的实验室开始对青少年开放。在航天领域，自 2016 年国家设立“中国航天日”以来，每年的主题活动都引起很大的社会反响；在核工业领域，公众沟通工作始终被放在首要位置，“核你在一起”公众开放日活动影响日益广泛；《军工记忆》系列纪录片，涵盖军工各领域，真实记录军工历史，传播军工精神，历久不衰；选树了一批叫得响、立得住的大国工匠、时代楷模，在社会上起到了道德模范的引领作用。特别是，在 2020 年全国科技活动周期间，征集科普微视频并获国家奖项，面向公众开放科普展馆、举办科普展览等活动都取得积极效果，产生广泛影响。

军委科技委自成立以来，始终把国防与军队科普工作当作科技强军的重要组成，组织开展了一系列理论研究和实践活动。近年来，部队官兵来源结构发生了较大变化，科学文化素质普遍提高，为了将专业的军事知识，用通俗易懂的语言传递给广大官兵，减少官兵的理解障碍，增进其阅读意愿，有利于军事知识、国防科技信息在广大官兵中有效传播和流通，军队科普工作充分运用信息技术和新媒体技术，将通用性与专业性内容资源的层次、种类、形式等不断丰富，除传统国防科普读物外，图文并茂、声像结合、更有视觉冲击力和可模拟、易理解的装备手册、战场手册、技术手册、士兵手册、产品说明书、声像片、数字化军事知识等，纷纷出品，内容涵盖武器装备的操作、维修、保障，以及相关装备的基本知识，显著提升装备训练水平，符合当前青年官兵的信息获取特点。同时，围绕提高广大官兵科学素养、军事技能、武器装备专业水平和作训实战能力，军队和武警开展了丰富多彩的科普活动，品牌建设逐渐呈现新亮点。与此同时，社会团体、公益组织、企业、志愿者等民间组织和广大民众自发、自愿组织、参与的国防科普工作也呈现出特色与活力。

（三）国防科普工作存在的主要问题

近些年，国防科普工作取得了长足进步，但与快速发展的国防科技和军队能力建设相比，国防科普工作还有突出的短板。在重视程度、目标理念、机制政策、品牌项目、队伍建设等方面，与国家整体科普发展水平还有不相适应的地方。具体表现在：

一是对国防科普工作的重视程度有待进一步提高。普遍存在重科技、轻科普的现象，对国防科普工作重要性的认识需要提升。同时，缺乏对国防科普工作的顶层设计和系统谋划，国防科普工作的目标急需进一步明确，国防科普工作理念急需跟上时代步伐。

二是国防科普工作的机制政策有待进一步完善。保证国防科普工作持续健康发展的工作机制尚未完全形成，经费、人员的制度性保障乏力，限制了国防科普活动的规模和持续性。国防科普人员缺乏科普专业知识技能培训，国防科普工作年初没计划、年终没考核激励机制普遍存在，国防科普工作人员积极性尚未充分调动。

三是国防科普创作人才急需培养。科普作品是国防科普工作中重中之重，而国防科普创作人才对于繁荣科普作品意义重大。国防科普创作是国防科普的活水源头，优秀的国防科普作品才能更加吸引公众，更好地进行国防科学传播。目前，急需培养国防科普原创型人才，只有创作出大量满足公众现实需求和符合当今融合型社会发展需求的国防科普作品，才能使我国的国防科普工作蓬勃发展。

四是国防科普工作的品牌建设有待进一步加强。国防科普工作品牌意识不强，发展不平衡，同质化现象较为明显，缺乏精品项目和亮点品牌的支撑，国防科普品牌的社会影响力偏弱，还不能很好满足公众快速增长的多元化和差异化需求。

第二节 我国国防科普工作的建议

新中国成立以来，我国科普事业坚持“普及中提高、提高中普及”的基本做法，实现了从自发到有组织有计划、从小到大、从弱到强的历史飞跃。2002 年我国颁布实施了《科学技术普及法》，这是世界上第一部科普技术普及法。随后下发的《国家中长期科学和技术发展规划纲要(2006—2020 年)》《全民科学素质行动计划纲要(2006—2010—2020 年)》《关于加强国家科普能力建设的若干意见》《“十三五”国家科普与创新文化建设规划》等法规、文件等，让科普事业走上法制化、制度化轨道。同时，也为今后更好地开展国防科普工作指明了方向。

(一)国防科普工作的对策建议

我国各地区经济社会发展水平存在较大差异，不同地区、不同群体对国防科普有着不同的需求，这使我国国防科普具有更显著的多层次和多元化特点。因此，我国国防科普工作应根据各地区不同受众群体的具体情况，本着有的放矢的原则，进行多层次的国防科学普及活动。具体建议如下：

一是进一步深化认识，把国防科普放在与国防科技创新同等重要的位置，进一步深化国防科普对于普及国防科技知识和弘扬军工精神重要性的认识。广大国防科技工作者要以提高全民科学素质为己任，秉持传播科学知识、弘扬正能量的科学精神，在理念上认同、在感情上热爱、在行动上支持科普工作，进一步提高参与科普工作的主动性和自觉性。

二是强化规划引领，把国防科普纳入国防科技和军队建设发展战略全局，研究制定《国防科普发展“十四五”规划》，明确未来一段时间国防科普的总体思路、指导原则、发展目标、重点任务和保障措施等，从宏观层面谋划好国防科普工作。制定配套的专项工作计划，形成国防科普规划体系，全方位推进国防科技科普工作的落实。

三是完善机制建设，加强对国防科普工作的领导，明确国防科普工作目标定位，明确任务、落实责任、形成合力、扎实推进，构建内外联合、上下联动、资源共享的工作机制。组建国防科普专家队伍，围绕国防科普重大问题、资源共享、能力建设等开展研究，提供国防科普工作战略咨询。探索建立由企业、研究院所、学会协会、社会力量等参与的国防科普联盟，加强沟通与协作，促进资源共享。

四是打造精品工程，准确把握新时代公众对国防科普的需求，推动国防科普供给侧改革，激发国防科普创作研发活力，繁荣国防科普创作。全力打造国防科普精品工程，推出一批百姓满意、业界赞赏、时代认可的国防科普产品，创作一系列面向青少年的国防科普书，编制一批面向公众的国防科普微视频，出品一系列有影响力的国防科普科教影视作品，创作一批适用新媒体传播的国防科普文章。

五是强化保障措施，将国防科普工作和国防科普成果纳入各单位、各部门和个人的绩效考核，充分调动国防科技工作者和广大官兵开展国防科普工作的积极性。在国防科学技术奖中增设科普项目，表彰、奖励国防科普成果，对在国防科普工作中成绩突出的先进集体和个人给予表彰奖励。统筹考虑安排国防科普工作专项经费，在国家相关科技计划中，增加国防科普任务和经费。积极创造条件，鼓励引导社会资金投入，逐步建立多层次、多渠道的国防科普投入体系。

（二）加快国防科普工作的创新

要使国防科普活动能够吸引公众，使国防科普产品为大众喜闻乐见，就必须树立创新意识，采用公众易于理解和接受的方式，让公众看得懂、听得进、有兴趣，愿意参与、易于参与、乐于参与，在参与国防科普活动中不断提高科学素质和国防意识。要搞好国防科普创新工作，应注重以下几方面的创新。

1. 加强国防科普内容创新

高新技术对当今社会的影响最为深远，特别是应用于国防领域的高新技术更直接关系到国防、军队现代化建设。尤其是新型武器装备研发、新型作战方式等，最容易引起公众的关注和兴趣。因此，国防科普在内容方面的创新应以当前广泛应用于军事领域的各种高新技术为主，包括电子信息技术、高新材料技术、新能源技术、空间技术、海洋技术等。除了让公众了解这些军事和国防高新技术的发展和使用情况，还要让公众了解这些军事高新技术的广泛应用对国家、对社会甚至对个人生活的影响，从而激发公众关心国防科技发展、关心国家军事现代化建设的爱国热情。

2. 加强国防科普方式创新

国防科普的内容再好、再有价值和意义，如果没有好的传播方式，就不会有吸引力和活力，也难以达到预期效果。为改变过去的传统表现形式，随着各种新媒体的出现以及高新技术的广泛应用，国防科普可以通过示范法、媒介法和综合法等进行更有效的传播。其中，综合法因重视强调“亲身感受”，成为“科技体验”的核心，同时也应成为国防科普的重要方式，帮助人们获得对国防科学技术的感性认识，从而丰富对国防科技的理性认识。目前，科技体验已成为国防科技馆、国防科技博物馆等各类国防科普场馆中最受欢迎的国防科普形式。

3. 加强国防科普传播手段创新

当今世界，随着信息技术的发展，5G 时代的到来，使“互联网+”成为新的国防科技信息传播手段，其信息的时效性、丰富性、互动性及检索的方便性使其迅速成为国防科普的重要手段。为此，不仅要利用一切现代化的国防科技场馆设施和以“声、光、电”为代表的现代化传媒手段，还要创新传播手段以适应融媒体时代新要求，统筹利用各种媒介资源，实现信息内容、平台终端、管理手段共融共通，放大国防科普效能。着力推进国防科普信息化建设，积极发展信息移动客户端、手机网站等应用，持续推送一批科学严谨、生动活泼的国防主题科普作品，以及可触、可体验式的国防科普活动。将传统媒体的影响力积极向网络空间延伸，同时加强网络国防评论员队伍建设，推动传统媒体和新兴媒体在国防科普内容、渠道等方面的深度融合。

4. 加强国防科普运行体制创新

国防科普工作要建立和完善适应社会主义市场规律的法律机制、投入机制、用人机制、管理分配机制等。市场经济体制下的国防科普工作模式和运用机制，应当有别于计划经济时期完全“无偿”和“等、靠、要”的思维模式。作为一项社会公益事业，政府投入的不能少，该自筹的不能等；要顺应市场经济的潮流，使国防科普走向大市场、服务大社会，变完全“无偿”为部分“有偿”，变“计划性”为“市场性”，建立崭新的国防科普运行机制。要动员全社会的力量，使国防科普的多元支撑服务体系和法律、法规体系尽快建立起来。要广泛吸引个人、企业向国防科普投入，与企业联合举办一些互惠互利的国防科普成果展示、产品展销、信息交流、知识竞赛等活动，寓国防科普于经济活动之中，使其各展其能、相得益彰。

5. 加快建设创新型国防科普教育基地

按照国防科普教育基地建设和评审标准，统筹规划建设多个创新型国防科普教育基地，覆盖国防工业主要领域，经评审后正式挂牌命名并向社会积极宣传推广。在安全保密许可的前提下，充分利用现有航空、航天、兵器、船舶、核军工、军用电子行业的科普资源，在保持原有特色的基础上，利用退役、待销毁的某些军工设施和军事装备等资源，进行适当改造和开发，建设一批国防科普教育基地；在有条件的国防科研机构、大学和具有重要资源的城市，利用现有设施和资源建设专业的国防科技博物馆，形成各类国防科普基础设施优势互补、协同发展的良好格局。适当新建国防科普场馆。鼓励军工企业、学会协会和其他社会力量参与国防科普场馆建设，避免国防科普场馆建设的功能重复、形式单一、内容雷同；注重内容建设，将国防展览展品设计纳入新建国防科普场馆建设工程的整体规划中，鼓励设计理念、主题内容和展示框架的创新，提高国防科普展教品制作工艺水平，增强展览展品的互动性、生动性、趣味性。逐步推进国防科普产业化，加快国防科普人才队伍建设，提高国防科普人员综合素质，鼓励社会力量参与国防科普工作，搞好国防科普志愿者队伍建设。

参考文献

[1] 周孟璞,曾启治．科普学初探[M]．成都:四川人民出版社,1981.

[2] 侯树栋．国防教育大词典[M]．北京:军事科学出版社,1992.

[3] 奚纪荣．中国国防教育[M]．北京:军事科学出版社,2002.

[4]《国防科技名词大典》编审委员会．国防科技名词大典[M]．北京:原子能出版社,2002.

[5] 傅景云．国防教育概论[M]．北京:军事科学出版社,2003.

[6] 杨文志．科普是一门学问[M]．北京:科学普及出版社,2003.

[7] 杜栋,庞庆华．现代综合评价方法与案例精选[M]．北京:清华大学出版社,2005.

[8]《中国科普报告》编审委员会．2016 年中国科普报告[M]．北京:中国科普出版社,2017.

[9]《中国科普报告》编审委员会．2017 年中国科普报告[M]．北京:中国科普出版社,2018.

[10]《中国科普报告》编审委员会．2018 年中国科普报告[M]．北京:中国科普出版社,2019.

[11]《中国科普报告》编审委员会．2019 年中国科普报告[M]．北京:中国科普出版社,2020.

[12] 军事科学院．中国人民解放军军语[M]．北京:军事科学出版社,2011.

[13] 任福君,翟杰全. 科技传播与普及概论[M]. 北京:中国科学技术出版社,2012.

[14] 赵立新,陈玲. 中国基层科普发展报告[M]. 北京:社会科学文献出版社,2016.

[15] 中国军事百科全书编审委员会. 中国军事百科全书[M]. 北京:中国大百科全书出版社,2016.

[16] 高宏斌,马俊锋. 2015 年出版科普图书统计报告[M]. 北京:科学出版社,2018.

[17] 朱光亚. 弘扬光荣传统肩负历史使命推进科普大业——在全国科普工作会议上的讲话[J]. 科协论坛,1996(3):9-12.

[18] 李正伟,刘兵. 公众理解科学的理论研究:约翰·杜兰特的缺失模型[J]. 科学对社会的影响,2003(3):12-15.

[19] 于明龙. 美国的国防教育给我们的启示[J]. 中国教育技术装备,2006(10):27.

[20] 曾国屏. 国家创新系统视野中的科技传播与普及[J]. 科普研究,2006,4(1):13-18.

[21] 刘华杰. 科学传播的三种模型与三个阶段[J]. 科普研究,2009,4(19):10-18.

[22] 翟杰全. 科学传播和技术传播[J]. 科普研究,2009,4(23):5-9.

[23] 郑念,张义忠,孟凡刚. 实施科普人才队伍建设工程的理论思考[J]. 科普研究,2010,6(32):20-26.

[24] 任福君,谢小军,等. 科普资源理论与实践研究报告[R]. 中国科普研究所,2011.

[25] 刘芳. 如何加强我国媒体国际传播能力建设[J]. 传媒,2011(10):70-72.

[26] 尹章池. 大众传媒科技传播能力的监测指标体系与能力提升策略[J]. 东南传播,2012(5):40-41.

[27] 王玉平. 科学技术发展的伦理问题研究[M]. 合肥:中国科学技术出版社,2008.

[28] 魏宏森．钱学森构建系统论的基本设想[J]．系统科学学报,2013,21(1):1-8.

[29] 孙文彬,李黎,汤书昆．整合普及范式和创新范式两大传统——兼谈我们所理解的科学传播[J]．科普研究,2013(2):5-14.

[30] 陈清华,刘彦君,吴晨生．2014 中国网络科普发展现状调查[J]．科普研究,2015,10(1):17-25.

[31] 贾红雨,郝建维,邱晨子．基于 SNA 的微博社区信息传播能力分析与评估[J]．情报科学,2015,33(11):135-139.

[32] 吴国盛．当代中国的科学传播[J]．自然辩证法通讯,2016,38(2):1-6.

[33] 张加春．新媒体背景下科普的路径依赖与突破[J]．科普研究,2016,11(4):18-26.

[34] 王康友,谢小军,周寂沫．互联网时代的科学普及[J]．科普研究,2017,12(5):5-9.

[35] 莫扬,彭莫,甘晓．我国科研人员科普积极性的激励研究[J]．科普研究,2017,3(68):26-32.

[36] 王刚,郑念．科普能力评价的现状和思考[J]．科普研究,2017(1):27-33.

[37] 林林．我国技术传播发展研究[D]．大连:大连理工大学,2008.

[38] 薛璐．科技传播与公众科技素养之关系研究[D]．成都:成都理工大学,2014.

[39] 陈昆．科普信息化背景下的科学传播模型研究[D]．长沙:湖南师范大学,2016.

[40] 万成海．我国高校军训的特点及功能发掘与实现条件[D]．襄阳:湖北文理学院,2012.

附录　国防科技科普统计调研报告

一、调研背景

为全面了解当前我国国防科技科普现状，更好地掌握行业科普资源概况，以及准确把握新时代公众对国防科技知识的需求，国防科工局新闻中心以问卷调查的形式对各军工集团公司、研究院所科技管理部门做数据调研。

调查问卷主要从单位基本信息、科普活动形式、科普活动场地、科普传媒、科普文创，以及对科普工作的意见建议等方面进行设计。

单位基本信息包括了集团归属、科普经费来源、是否获得过表彰等信息；科普活动形式包含常规科普活动（面向青少年的科普活动小组、夏令营等）、科普（技）竞赛、科普讲座、是否有讲师团队的数据统计；科普活动场地包含展馆/展厅/陈列馆、科普教育基地、对外开放的科研机构，以及科普（技）展览等情况；科普传媒包含科普读物、科普音像制品、新媒体等数据。并在客观统计数据的基础上，收集了各集团公司科普工作者对开展科普工作的相关认识。

二、调研结果

本次调查共回收调查问卷 463 份，有效问卷 255 份（去掉重复填报单位数据208份)，分别来自28个省、自治区和直辖市。

1. 单位基本情况

(1)各集团参与问卷调查的单位数，按照填报字段的词频分析，中国船舶集团有限公司占比最高，其次是中核集团和航空工业，词频排序见下图。

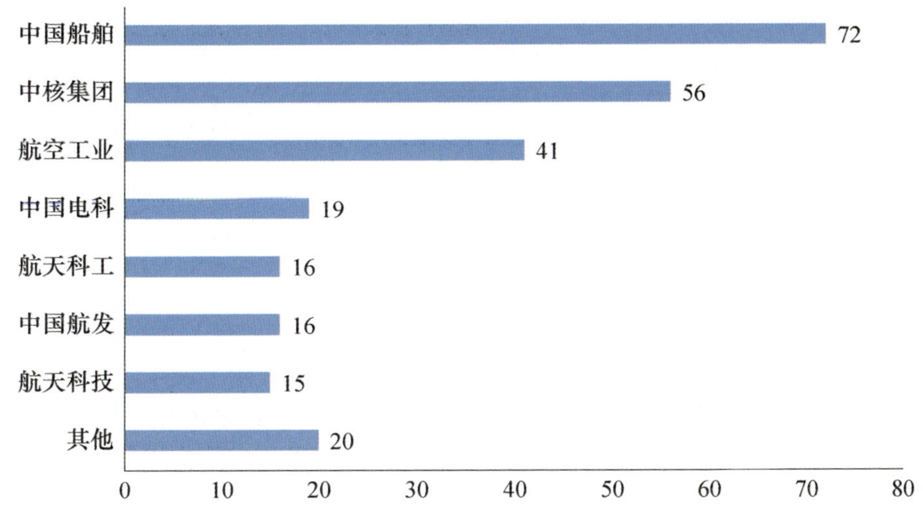

(2)大部分单位科普经费来源于自筹，自筹比例占82.75%。其次来源为专项经费，占23.92%。

选项	小计	比例
自筹	211	82.75%
专项经费	61	23.92%
社会捐赠	2	0.78%
项目合作	24	9.41%
其他	18	7.06%
本题有效填写人次	255	

(3)是否获得表彰选项，一共有89家单位获得过表彰，占全部填报单位的34.9%。

2. 科普活动统计

(1)各单位组织的科普活动中,常规科普活动和科普讲座较为常见,分别占比 50.98% 和 50.20%。未开展科普活动的单位有 53 家,占比 20.78%。

选项	小计	比例
常规科普活动(包括面向青少年的科普活动小组、夏令营等)	130	50.98%
科普(技)竞赛	46	18.04%
科普讲座	128	50.20%
未开展过任何科普活动	53	20.78%
本题有效填写人次	255	

根据未开展科普活动的原因字段词频分析,主要原因:①单位涉密;②经费不足;③公司性质为非科技单位,科技活动少。

(2)组建了讲师团队的单位有 78 家,没有讲师团队的单位有 177 家。78 家单位拥有讲师共计 266 人,其中正高级的讲师数量为 79 人,占比 29.70%。

3. 科普场地统计

在单位科普场地数据中,拥有展馆/展厅/陈列室的单位占比最多,为全部单位数的 50.59%,其次为科普教育基地,占比 13.33%。对外开放的科研机构 19 家,占比 7.45%,无任何科普场地或展览的单位有 99 家,占全部单位数的 38.82%。

选项	小计	比例
展馆/展厅/陈列室	129	50.59%
科普教育基地	34	13.33%

续表

选项	小计	比例
对外开放的科研机构	19	7.45%
科普(技)展览	29	11.37%
无任何科普场地或展览	99	38.82%
本题有效填写人次	255	

根据无任何科普场地或展览原因的词频分析,主要原因:①单位涉密,不能对外开放;②办公场地有限,资金有限;③科普活动均为户外,无须固定场所。另外,核工业二四三大队和中船航海科技有限责任公司正在修建自己的科普场馆。

4. 科普传媒统计

(1)各单位的科普读物出版情况见下表。其中无科普读物的单位共169家,占全部单位数的66.27%。有科普图书和科普期刊的单位均为47家,有8家单位既有科普图书又有科普期刊。

选项	小计	比例
科普图书	47	18.43%
科普期刊	47	18.43%
无科普读物	169	66.27%
本题有效填写人次	255	

根据无任何科普读物原因的词频分析,主要原因:①工作涉密;②资金和人手不足;③专注于学术刊物,没有科普读物。正在制作和筹备科普读物的单位有北京航科文化传媒有限公司、航天二院、航天神舟飞行器有限公司、核工业西南物理研究院、湖北三江航天江河化工科技有限公司、上海航天电子技术研究所和天津新港船舶重工有限责任公司。

(2)科普传播媒介中的新媒体情况见下表。微信公众号为各单位最常用的新媒体媒介,占 63.53%。其次是建立科普网站,占 23.53%。微博号和抖音号占比较小,主要是因为运营微博和抖音需要投入更多时间和人力,不如网站和微信公众号运营灵活。无任何新媒体传播的单位有 87 家,占 34.12%。

选项	小计	比例
网站	60	23.53%
微信公众号	162	63.53%
微博号	7	2.75%
抖音号	11	4.31%
无任何新媒体	87	34.12%
本题有效填写人次	255	

根据无任何新媒体原因的词频分析,主要原因:①工作涉密;②资金和人手不足;③没有专门的科普宣传工作要求。

(3)科普音像制品情况见下表。有科普音像制品的单位有 70 家,占填报单位数的 27.45%,无科普音像制品的单位数占比为 72.55%。

选项	小计	比例
有科普音像制品	70	27.45%
无科普音像制品	185	72.55%
本题有效填写人次	255	

根据无科普音像制品原因的词频分析,主要原因:①工作涉密;②资金和人手不足;③公司以生产为主,没有制作科普音像制品的要求。

5. 科普文创统计

科普文创产品情况见下表。有科普文创产品的单位有 62 家，占填报单位数的 24.31%，无科普文创产品的单位数占比为 75.69%。

选项	小计	比例
有科普文创产品	62	24.31%
无科普文创产品	193	75.69%
本题有效填写人次	255	

其中，62 家单位共生产科普文创产品 155 种，模型类文创产品占比较多，占全部种类的 25.16%。

选项	小计	比例
服装类	13	8.39%
模型类	39	25.16%
玩偶类	25	16.13%
文具类	18	11.61%
装饰类	16	10.32%
其他	44	28.39%
共计	155	

根据无科普文创产品原因的词频分析，主要原因：①工作涉密；②资金和人手不足；③公司没有生产科普文创产品的要求。暂无该项数据但已列入工作计划的单位有航天机关幼儿园、湖北三江航天江河化工科技有限公司、上海航天电子技术研究所、中国核工业第二二建设有限公司、中核财务有限责任公司和中核工程咨询有限公司。

6. 填空题文本分析

(1)“十三五”期间,开展科普工作遇到的困难。

各单位在开展科普工作中存在的困难:一是人力、物力有限,大部分企业把精力放在提高生产力、提高效益上,缺少专业的科普人员队伍,也缺少相关科普经费支持。二是受限于单位性质,涉密或者受众群体过于狭窄,受众吸引力不强。三是科技工作者参与科普宣传的积极性有待提升,基层开展科普工作的积极性不高,传播渠道单一。

(2)“十四五”期间,希望政府组织的科普活动。

各单位希望政府积极搭建平台,让各科研机构充分发挥自身优势来开展科普活动。以多种形式对探月、航母、大飞机、高铁、深海工程、隧道工程、高科技农业工程等进行科普宣传,加强对自主创新成果的应用推广,加强对大型国有企业、行业骨干或核心企业(如中航工业、中国航天、中石油、中石化、中国移动、联通、电信、中粮、中船、中远、中电等)的正面宣传(从不同于新闻宣传的角度,着力于企业的技术发展与应用消化能力、可持续发展能力),树立企业作为先进生产力代表的形象,引导民众对发展实体经济、发展实用技术的自觉关注与兴趣投入,为国家经济建设后备人才的培养营造积极健康的舆论氛围;加强国防教育,推进国防武器装备研发与装备运用的正面信息宣传,在实施必要的信息安全管理的同时,积极主动地引导民众准确地把握国防建设的意义、坚定自主国防建设的信心,用先进文化占领大众传媒的资源平台,满足民众对国家安全的高度关注,在宣传经济建设成就、科技发展成就的同时,正确引导和保护民众对国防建设的参与热情;拓展科学文化宣传教育的题材领域,增加对资源保护、气候地质灾害预防、工业化生产(包括现代农业、林业、海洋渔业、养殖业等)、交通运输、科学实验等领域的科学技术应用的基本常识宣传教育,引导民众积极参与国家经济建设和国家安全防务建设,引导民众建立并保持健康的生活行为模式，提升民众在逆全球化经济发展新形势下的文化自信。

(3)对科普奖励机制有哪些意见建议。

建立必要的保证科普工作的税收保护机制和财政拨款制度，建立同行评估机制，搭建互相学习、互相借鉴、互相监督的良性竞争平台，对评估成绩优秀的主管单位给予一定物质奖励，形成正激励氛围。同时，建议不定期组织对科普从业人员的培训与考核，对表现出色的科普从业人员进行鼓励。对科普工作开展效果好的单位、团体可以给予适度的工作经费支持，对一线科普工作者在绩效考核、职称评审、岗位晋升方面给予政策倾斜。

(4)对“十四五”期间国防科技科普规划有哪些意见建议。

建议以青少年为主要对象，开展工程基础知识的普及教育；以劳动力人口为主要对象开展健康知识的普及教育；以老年群体为主要对象开展科学养生、健康休闲相关知识的普及教育。加大对夏令营、冬令营等适合青少年参与的科普活动组织的扶持，加强对知识竞赛、技能竞赛等能够吸引较大范围公众参与的公益性活动的扶持引导与组织管理，增加可供青少年接触、体验国防知识、军工技术装备的资源建设，对退役武器装备在做好解密处理的基础上更多地投入到科普教育应用方面，进一步引导社区、社团、学会、协会等服务性组织参与科普工作并给予相应的激励政策。

引导媒体和企业逐步增加公益性科普知识宣传的比重，缩减消费类产品、服务类信息宣传对广播、电视、报纸等大众传媒平台的资源占用，扶持网络图书馆、在线博物馆、网络实验室等新型科普教育媒介的开发应用。

(5)“十四五”期间科普计划与设想。

进一步加强实验室开放工作力度，增强公众对国防科技的了解和对现代科学研究与工程技术研究活动的感性认识；进一步丰富科普网络媒体的在线内容和线下周边服务内容，开发与之相配套的服务衍生品，以更多的趣味性、科学性的素材吸引更广泛的社会群体关注国防科技知识。

拓展科普宣传的空间和渠道，适应新形势下社会公众特别是青少年群体对新媒体运用方式的需求新变化，提升科普工作的效率；结合研究成果的应用推广，探索用于科普宣传教育活动的模型、教具等产品的开发和市场化运作，在保证必要的投入产出效益的同时，以经济效益推动、扩大科普工作的社会效益。

三、国防科技科普统计调研总结

基于问卷调查结果可以得出以下基本判断：

各军工集团公司、研究院所科技管理部门积极开展了各项科普工作，充分利用国家级和省级科普场馆，以及公司内部场地进行科普教育工作。同时，还组建了专业的科普讲师团队，正高级别讲师数量可观，鼓励科研人员从事科普工作，支持一线与离退休的科技人员，加入到科普创作和研究队伍中来，开发高质量科普产品。注重新媒体的科普传播功能，越来越多的公司积极组建新媒体运营团队。

受公司性质和涉密等限制，有些单位无法进行科普相关的活动，或者由于专业太过冷门，受众狭窄导致科普工作效果不佳，建议结合青少年教育、工业旅游等方面寻找自身品牌特色或与兄弟单位联合。

建议上级部门完善考核机制和奖励制度，为科普工作提供人力、物力支持，提高科普工作人员积极性，让更多科研人员有更多的动力转化科普成果，也让更多的人参与科普工作，拓展科普队伍。

鼓励自主创新，加大成果转化。对于制造型企业，要平衡生产与科研之间的关系，让科研引领生产的方向为生产服务，并将科研成果应用到实际生产中，形成良性循环。